거꾸로 자라는 나무

Mes racines sont dans le ciel
© Presses de la Renaissance, 2004

거꾸로 자라는 나무

2019년 3월 12일 교회 인가
2019년 6월 2일 초판 1쇄 펴냄

지은이 · 피에르 세락
옮긴이 · 조연희
펴낸이 · 염수정
펴낸곳 · 가톨릭출판사
편집 겸 인쇄인 · 김대영
편집 · 이평화, 정주화
디자인 · 류아름
기획 · 홍보 마케팅 · 임찬양, 장제민, 안효진

본사 · 서울특별시 중구 중림로 27
지사 · 경기도 고양시 일산동구 노첨길 65
등록 · 1958. 1. 16. 제2-314호
전자우편 · edit@catholicbook.kr
전화 · 1544-1886(대)/ (02)6365-1888(물류지원국)
지로번호 · 3000997

ISBN 978-89-321-1609-9 03230

값 12,000원

가톨릭출판사 인터넷쇼핑몰 http://www.catholicbook.kr
직영 매장 · 명동대성당 (02)776-3601, (070)8865-1886/ FAX (02)776-3602
　　　　　가톨릭회관 (02)777-2521, (070)8810-1886/ FAX (02)6499-1906
　　　　　서초동성당 (02)313-1886/ FAX (02)585-5883
　　　　　서울성모병원 (02)534-1886/ FAX (02)392-9252
　　　　　절두산순교성지 (02)3141-1886/ FAX (02)335-0213
　　　　　부천성모병원 (032)343-1886
　　　　　은평성모병원 (02)363-9119
　　　　　미주지사 (323)734-3383/ FAX (323)734-3380

가톨릭의 모든 도서와 성물을 '가톨릭출판사 인터넷쇼핑몰'에서 만나 보실 수 있습니다.

성경 ⓒ 한국천주교중앙협의회

이 도서의 국립중앙도서관 출판예정도서목록(CIP)은 서지정보유통지원시스템
홈페이지(http://seoji.nl.go.kr)와 국가자료공동목록시스템(http://www.nl.go.kr/kolisnet)에서
이용하실 수 있습니다. (CIP제어번호: CIP2019013185)

이 책의 한국어판 저작권은 (재)천주교서울대교구 가톨릭출판사에 있습니다.
저작권법에 의해 한국 내에서 보호를 받는 저작물이므로 무단 전재 및 무단 복제를 금합니다.

거꾸로 자라는 ― 나무

피에르 세락 신부 지음
조연희 옮김

가톨릭출판사

목
차

역자의 말 · 8

서문 · 11

시작하기 전에 · 16

시작_ 우리의 뿌리는 저 높은 곳에 있습니다 · 20

01_ 우리가 마련해 볼게요 · 26

02_ 우리도 짐꾼이 되어야 한다 · 36

쉬어 가는 글 I 택시 드라이버 · 44

03_ 달고 계신 장미 꽃봉오리를 주실 수 있나요? · 48

04_ 그렇게 우리는 새 일을 시작했다 · 51

05_ 아기를 구하는 것은 세상을 구하는 것이다 · 56

06_ 더 많이 해 주십시오 · 62

쉬어 가는 글 II 여왕의 환대 · 67

07_ 국경 없는 청춘들 · 69

08_ 나눔이 없으면 모두 무너져 버릴 거야 · 76

쉬어 가는 글 III 단벌의 사리만으로도 아름다운 여인 · 82

09_ 마더 데레사 · 84

10_ 국경에서 드린 미사 · 89

쉬어 가는 글 IV 미사 하나가 더 들어갔어요! · 96

11_ 내 친구 존 신부 · 98

12_ 절망의 끝에 선 여인 · 108

쉬어 가는 글 V 작은 검정 수첩 · 113

13_ 죽음보다 강한 사랑 · 117

쉬어 가는 글 VI 세 가지 장례식 · 123

14_ 그분의 이름으로 모든 죄를 용서합니다 · 128

감사의 말 · 134

우리의 뿌리는
저 높은 곳에 있습니다

역자의 말

 피에르 세락Pierre Ceyrac 신부(1914~2012)는 70여 년이 넘는 세월을 인도에서 보내며 가진 것 없는 사람들과 어린이들을 위해 헌신한 전설과도 같은 존재이다.

 세락 신부는 1914년 프랑스의 롯 강과 도르도뉴 강이 흐르는 코레즈Corrèze에서 태어났다. 그는 22세이던 1937년 예수회 선교사로 인도에 파견된 후 40세 때 인도에서 사제품을 받았다. 이후 길거리에 사는 가난한 이들과 나병 환자를 돕기 위해 마을, 도로, 집을 짓는 자선 단체인 인도가톨릭대학연합 (AICUF, All India Catholic University Federation) 대학생운동, 가난한 이들의 자립을 돕는 마나마두라이Manamadurai 협동 농장 등을 통해 여러 구호 활동을 전개했고, 우물 천 개 파기 활동에도 앞장섰다. 그리고 인도의 카스트 제도를 비판하며 최하층 신분이자 최고 빈곤층인 달리트 계층을 위한 삶을 살았다. 1980년부터 13년간 캄보디아와 태국 난민 캠프에서 수 천 명의 난민을 위해 봉사하였으며, 후에 인도로 돌아와 고아들을 돌보는 일에 헌신하여 4만 명 이상의 어린이를 돌보았다. 2003년 프랑스 문화 유니버셜 아카데미에서 그랑프리를 받았고, 2008년 프랑스 국가 훈장 레지옹 도뇌르를 수여받았다. 세락 신부는 2012년 5월 30일 98세를 일기로 인도에서 선종하였으며, 1991년 설립된 세락 신부 협회가 세락 신부의 뜻을 꾸준히 이어 가고 있다.

세락 신부는 이 책을 90세의 나이에 집필했다. '사랑하는 것을 배우기 위해서는 아직도 해야 할 일이 많다.'고 말하곤 했던 세락 신부다운 행보였다. 존엄성을 잃고 상처 속에 살아가던 수많은 이들이 세락 신부와 함께하면서 존엄성을 되찾고 자유와 행복의 길을 찾았듯이, 이 책을 만나는 독자들도 인간의 존엄성과 자유가 얼마나 소중한 것인지를 가슴에 새길 수 있었으면 한다. 아울러 도움을 필요로 하는 어린이들에게 단 한 번도 '아니야'라고 말하지 않았던 세락 신부의 따스한 손길이 독자들의 마음속에도 깊이 가 닿기를 바란다. 그렇게 전해진 사랑의 온도가 나 자신뿐 아니라 주변의 모든 사람에게 희망의 빛으로 퍼져 나가기를 염원해 본다.

서문

세락 신부님,

신부님은 불행에 맞서는 강인한 이들의 표본이십니다. 신부님은 자선과 사랑의 힘을 보여 주셨지요. 전에도 말씀드렸지만, 신부님을 생각하면 프랑스인들에게 참 소중한 인물인 빈첸시오 드 폴 성인 Saint Vincent de Paul이나 마더 데레사 Mother Teresa가 함께 떠오릅니다.

인도에서는 당신을 전설이라고 합니다. 신부님을 두고 그렇게 부르는 것을 저 역시 자주 들었습니다. 전설이라 불리시는 분의 삶에 대해 더 자세히 알고 싶어 신부님께 여쭤보면 신부님께서는 난처해하셨지요. 아마도 신앙인으로서의 겸손함 때문이었을 거라 짐작됩니다.

감히 말씀 드리지만, 신부님께 모든 것을 가르쳐 준 곳은 인도였습니다. 신부님도 같은 생각이라고 하셨지요. 그리고 이 책을 통해 인도에 대한 이야기를 해 주고 계십니다. 신부님이 개인적으로 잘 알고, 신부님의 삶과 저서에 많은 영향을 준, 마하트마 간디Mahatma Gandhi의 나라와 그곳의 가난한 사람들에 대해 말입니다.

1937년 마드라스[1]에 도착했을 때부터, 신부님은 다른 사람들을 위해 살기로 마음먹으셨습니다. 그리고 그곳에 사는 동안 인도의 수만 명의 고아에게 아버지가 되어 주셨지요. 신부님은 고아 복지 센터를 세워 아이들에게 먹을 것을 나누어 주고 교육의 기회를 제공했습니다. 무엇보다 사랑을 주셨고요. 신부님의 표현을 그대로 빌려 말씀 드리자면, 사랑받고 있다는 걸 느끼는 경험이야말로 가장 중요한 것이기 때문이었습니다. 신부님께서는 아이들을 사랑하고 아이들과 함께하면서, 주었던 사랑을 그대로 돌려받는다고 하셨습니다. 아이들이 자신의 존엄성을 느끼게 되는 데에 신부님과 주고받은 동등한

---

[1] Madras, 현재 이름은 첸나이Chennai. 인도 남부 타밀나두주의 주도

사랑만큼 더 좋은 것이 있었을까요? 신부님의 센터에서 교육을 받은 아이들은 구걸의 삶에서 벗어날 수 있었습니다. 신부님은 아이들이 자유로운 인간이 되기를 바라셨습니다. '인간, 스스로 자유를 빚는 장인'. 이것이 신부님의 삶을 이끈 원칙이었고, 인도 아대륙에서의 기나긴 여행의 나침반이었습니다.

1967년 비하르Bihar주[2]에 끔찍한 기근이 닥쳤을 때, 신부님은 행동으로 재난에 맞섰습니다. 신부님은 인도대학생국가운동의 선봉에 서서 마나마두라이 협동 농장 건립을 추진하셨습니다. 현재 마나마두라이 협동 농장에서는 수많은 기술적, 과학적 혁신 기법을 활용해 농작물을 거두고 있습니다. 가장 가난한 사람들에게 스스로 가족을 먹여 살릴 수 있는 발판을 마련해 준 것입니다. 이는 상징적인 가치를 지닙니다. 신부님은 누구나 손쉽게 경작할 수 있는 비옥한 토양 대신 거칠고 척박한 땅을 선택하셨지요. 척박했던 땅은 노동의 힘으로 경작할 수 있는 땅이 되었고, 모든 이에게 약속의 땅이 되었습니다.

어느 날 저녁, 당신에게 도움을 청하러 왔던 인도 청년 칼레이와의 만남도 기억에 남습니다. 그는 고아 서른여덟 명을 입

[2] 인도 동부에 있는 주

양해 키우고 있었지만, 아이들을 먹일 만한 돈이 충분하지 않았습니다. 신부님은 그 아이들을 받아들였고, 오늘날 아이들은 3만 1천 명이 되었습니다. 부모를 여의었거나, 아이를 키우기에는 너무 가난한 가정에서 태어난 소년, 소녀입니다. 저는 믿습니다. 타밀어[3]로 '사랑의 손길'이라는 뜻인 당신의 센터 '안부카랑갈Anbukarangal'이 아이들에게 가정을 주었으며, 아이들을 먹이고 가르쳤다는 걸 말입니다. 신부님은 각지에서 버림받은 불가촉천민[4] 청년들을 거두셨고, 부모가 종신형을 선고 받은 아이들 3백여 명을 맞아들였습니다. 신부님은 그들 모두에게 존엄성을 되찾아 주길 원하셨고, 성공하셨습니다.

신부님은 모두가 인간답게 살 권리를 위해 투쟁하셨습니다. 프랑스 툴루즈 대학에 다니던 시절, 《우파니샤드》[5]를 읽기 위해 산스크리트어를 배우셨고, 그때 접하게 된 인도 문화에 깊이 공감하셨습니다. 그리고 카스트, 피부색, 종교, 언어를 차별하지 않고 개개인의 권리를 인정해 주셨지요. 인도를 문제의 대상이 아닌, 신비하고 아름다운 대상으로 바라보았습니

3　인도 남동부의 타밀족이 사용하는 드라비다어족의 대표 언어
4　인도의 최하층 신분. 달리트Dalit, 하리잔Harijan이라고도 한다.
5　Upanishad, 고대 인도의 철학 경전

다. 저는 바로 이 점이 인도를 향한 신부님의 공감의 비밀이었다고 생각합니다.

오래전에 시작된 신부님의 행동은 여전히 계속되고 있습니다. 도로, 우물, 병원, 고아원, 농장, 환아 재활 센터 등 신부님이 일군 삶의 터전들은 광대합니다. 그리고 성장을 멈추지 않고 있습니다.

세락 신부님, 신부님은 불행을 이겨 낸 사람입니다. 매일 신을 향한 믿음과 사랑의 힘으로 인간의 삶을 위협하는 숙명에 맞서 싸우는 사람입니다. 카뮈[6]는 '인간이 정의와 자유를 양립하는 데 실패한다면 전부 실패한 것이다.'라고 말했습니다. 저는 신부님이야말로 카뮈의 말에 부합된 삶을 사셨고, 그 깨달음으로 미래를 여는 분이라고 생각합니다.

프랑스 22대 대통령 자크 시락Jacques Chirac

---

[6] 알베르 카뮈Albert Camus, 1913~1960, 프랑스의 소설가, 극작가

시작하기 전에

 1~2년 전, 파리에서 있었던 어느 격조 높은 피아노 독주회에서 사람들이 내게 프랑스어 단어 중 무슨 단어를 좋아하냐고 물었다. 나는 크게 고민하지 않고 '기쁨', '빛', '아름다움', '사랑'이라고 답했다. 다시 생각해도 역시 잘 고른 것 같다. 이 단어들은 우리 삶을 이루는 핵심이자 우리 삶의 가장 중요한 목표이기 때문이다.

 나는 이 작은 책이 기쁨의 찬가, 빛을 향한 호소, 아름다움과 사랑을 향한 외침이 되었으면 좋겠다.
 아름다움과 사랑! 이미 수없이 이야기했지만, 이 두 가지가 나선형을 이루며 우리의 현생에 이미 행복을 가져다주었고, 현생이 끝난 후 영생의 삶에서도 끝없는 행복을 줄 것이라는 사실만큼은 다시 한번 강조하고 싶다.

누군가를 사랑하면 할수록 우리는 그 사람의 아름다움을 더 많이 발견하게 된다. 그리고 그 사람의 아름다움을 보면 볼수록 우리는 그 사람을 더욱 사랑하게 된다. 나의 축복 아래 결혼이 성사된 젊은 부부들에게도 나선형으로 어우러진 아름다움과 사랑을 마음에 새기도록 권했다. 이 나선형은 영원히 하느님을 바라보는 삶 안에서 우리가 하느님의 아름다움을 더 많이 발견하도록 해 줄 것이며, 하느님의 사랑 안에서 항상 더 높은 곳을 향하도록 해 줄 것이다.

그 부부들에게서 태어난 후손이 대대손손 기쁨과 빛을 더 많이 전해 줄 수 있다면, 나는 행복할 것이다!

우리는 반얀을 닮아 있다.
우리의 뿌리도 저 높은 곳에 있기 때문이다.

시작

우리의 뿌리는
저 높은 곳에 있습니다

1976년 미국에서는 알렉스 헤일리Alex Haley의 대작 《뿌리 Roots》가 출간되어 단번에 베스트셀러로 급부상했다. 나는 '뿌리'라는 제목을 보면서 문득 이런 생각이 들었다. 우리의 뿌리는 어디일까? 우리의 시초는 무엇일까? 우리는 어디에서 왔을까? 이런 의문은 생각하면 할수록 풀리지 않는 궁금증을 남긴다. 그리고 이 질문에 대한 답은 문화권에 따라 천차만별일 것이다.

인도에는 이 질문에 대한 인도 고유의 답이 있다. 얼핏 흔하게 들릴 수도 있지만 무척 의미심장하며, 그리스도인의 마음과도 일치하는 대답이다. 그것은 바로 "우리의 뿌리는 저 높은 곳에 있습니다."이다.

인도 길가를 지나다 보면 반얀 트리[7]를 흔히 볼 수 있다. 반얀이라고도 불리는 이 커다란 나무는 엄청나게 크다. 작은 사원 하나가 반얀의 뿌리와 뿌리 사이에 들어앉아 있기도 하니 말이다. 나이 또한 대단히 많다. 마드라스 국제신지학센터의 반얀 중에는 수령이 4백에서 5백 년 된 것들도 있다. 나무가 뿌리를 내리고 자라나는 과정 또한 특별하다. 반얀은 사람이 심은 것이 아니다. 저 높은 곳 어디에선가 뿌리가 날아와 땅에 떨어져 스스로 터를 잡는다. 마치 큰 칡이 땅 속 깊이 뿌리를 내리는 것처럼 말이다. 그렇게 해서 땅 속에 자리 잡은 뿌리는 또 다른 나무를 자라게 하기 위해 계속해서 뻗어 나간다. 만약 사람이 그 뿌리를 끊어 내지 않으면 스스로 뿌리를 퍼뜨려 자란 나무 한 그루가 숲을 이루게 될 수도 있다. 우리는 반얀을 닮아 있다. 우리의 뿌리도 저 높은 곳에 있기 때문이다. 우리는 저 높은 곳에서 왔다. 나도 반얀처럼 저 아래가 아니라 저 위에서 왔다.

나는 1936년부터 1년 동안 툴루즈 대학교에서 열정적인 문

[7] Banyan Tree, 뱅골보리수, 상록 교목으로 인도가 원산지이다.

헌학 교수님의 지도 아래 문학사 과정을 밟았다. 내가 마드라스로 오기 바로 전 해의 일이다. 그 교수님은 인도유럽어와 그 상호 관계에 대해 가르치셨는데, 교수님과 함께 공부한 덕분에 처음으로 산스크리트어를 알게 되었고, 그 황홀감을 맛보았다. 그는 인도에 한 번도 간 적이 없었다. 당시에는 프랑스와 인도를 오가는 장거리 항공편이 없었기 때문이다. 하지만 그는 늘 인도 아대륙에 크게 감탄했고, 주변 사람들에게까지 영향을 끼쳤다. 그는 인도 아대륙이 신의 거처라 불리는 히말라야 산맥에 뿌리를 둔 채, 두 손을 모아 기도하는 모양으로 혼돈과 암흑을 상징하는 바다 속 깊이 자리하고 있다고 했다. 하늘에서 내려온 뿌리가 땅 깊은 곳에 자리 잡아 자라나는 반얀처럼 말이다. 깊은 바다 속 저 아래로 흔들림 없이 묵직하게 자리 잡기 위해 본래의 뿌리를 저 높은 곳에 더 단단히 묶어두는 이미지가 연상되는 아름다운 대륙이다.

반얀 트리와 인도의 지형학적 형태는 우리에게 깊은 울림을 준다. 이는 하나의 상징이며 우리로 하여금 인도가 지닌 위대한 메시지를 되새길 수 있게 해 준다. 그 메시지는, 우리 모두 자기만의 동굴을 지니고 있고, 그 안에 저 높은 곳에서 내려온 불티를 간직하고 있다는 것이다. 그리고 이 불티는 간디가 말했던 '조용한 내면의 목소리'(안타르야민antar-yamin)[8]가 되어 우리를 이끌어 준다.

---

[8] 힌두 철학에서 'inner-self', 'inner-controller' 혹은 'inner-guidance'를 뜻함

거꾸로 자라는 —— 나무

01 우리가 마련해 볼게요

　내게는 '아들'이라는 뜻의 쿠마르라는 아름다운 이름을 가진 오랜 친구가 있다. 그는 수년 전부터 사나토륨[9] 이곳저곳을 전전하는 중증 결핵 환자였다. 그는 약간의 재정적 도움을 받기 위해 자주 나를 찾아 왔다. 지나치게 자주 찾아오는 그를 나도 모르게 홀대하고 걸인 취급을 한 적도 있었던 것 같다. 그러나 가진 것이 없어 구걸을 한다고 해서 걸인 취급을 해서는 안 되는 거였다. 가난한 사람들은 그럴 때 상처를 받는다.

---

[9] sanatorium, 병자를 치료하기 위한 시설로 특히 회복기 환자, 또는 중병이 아닌 환자를 위한 사립병원. 현재는 특히 결핵 환자의 대기大氣 요법을 위한 시설에 이 용어가 사용된다.

그를 못 본 지 좀 되었을 무렵 어느 날, 처음 보는 30대의 키 큰 젊은 청년이 나를 찾아왔다.

"신부님, 저는 아마르 딥이라고 합니다. 쿠마르가 보내서 왔습니다. 쿠마르가 많이 아픕니다. 죽기 전에 신부님의 축복을 받고 싶어 합니다. 신부님이 와 주시길 바라고 있습니다."

"자네는 쿠마르를 어떻게 알지? 그는 어디 있나?"

"쿠마르는 저희 집에 있습니다……."

우리는 '오토릭샤auto-rick-shaw'라고 불리는, 뒷좌석을 개조한 스쿠터 택시인 경삼륜차를 타고 아마르 딥과 그의 가족이 살고 있는 북서부의 가난한 동네로 향했다. 마드라스에서 많이 볼 수 있는 경삼륜차는 주민수가 천만 명이 넘고 헤아리기 힘들 정도로 빠르게 성장 중인 마드라스라는 대도시의 교통수단으로 더없이 실용적이었다.

아마르 딥은 도로를 달리는 내내 자신의 이야기를 해 주었고, 쿠마르가 어떻게 해서 그의 집에 머물게 되었는지 말해 주었다. 아마르 딥의 어머니 역시 결핵에 걸렸었으며, 쿠마르와 같은 사나토륨에 있었다는 사실도 알게 되었다. 그들은 서로 병실은 달랐지만 자주 마주쳤는데, 어느 날 두 사람 모두 사나토륨으로부터 대기 환자들에게 자리를 내어 주기 위해 병원을 떠나 달라는 권고를 받고 퇴원하게 되었다. 그리고 두 사람은 병원 밖에서 다시 마주쳤다.

쿠마르는 이 오십대 여성에게서 풍기는 선함을 눈여겨보고 그녀에게 다가갔다.

"아마Amma(기혼 여성을 부르는 호칭으로, '어머니'라는 뜻), 저는 어디로 가야 할지 모르겠어요. 저는 집이 없어요. 당신 집에 저를 데려가 주실 수 있나요?"

아마르 딥의 어머니는 키가 크고 야윈 모습에 구멍 난 옷을 입은, 너무나도 가난해 보이는 쿠마르를 한없이 다정하게 바라보았다.

"그래요. 같이 가요. 우리 집에 방이 많지는 않지만 우리가 마련해 볼게요."

'우리가 마련해 볼게요.' 굉장한 이 몇 마디의 말. 이는 가난한 사람에게서 더 자주 들을 수 있는 말이며, 그래서 더욱 아름답게 들리는 말이다.

나는 아마르 딥의 어머니와 쿠마르가 사나토륨에서 만난 이야기를 관심 있게 듣다가 아마르 딥에게 그가 무슨 일을 하는지 물었다. 그는 집에서 10킬로미터 떨어진, 마드라스 반대편 외곽의 지저분한 호텔에서 '온갖 일을 하는' 변변찮은 직업을 가지고 있었고, 사람들은 그를 뻔뻔스럽게 부려 먹고 있었다. 한 달 수입은 딱 2천 루피(하루에 1유로도 안 되는 금액). 그가 매달 지켜야 할 두 가지 기한은 그에게 여지없이 찾아왔다. 가난한 사람들이 두려워하는 '두 가지 기한'이란 매달 찾아오는 두 가지 지불 기한이다. 첫 번째 지불 대상은 집세다. 보잘것없는 작은 방이 4백에서 1천 루피였다. 두 번째 지불 대상은 식료품비다. 쌀과 이런저런 양념 한 달 치를 정부 협동조합에서 '배급'이라는 명목 하에 한꺼번에 구입하는 데 드는 비용이 4백에서 5백 루피 정도이다. 아마르 딥은 월급의 절반 이상을 여기에 썼다. 옷, 교통비, 교육, 약 등 다른 것에 할당되는 금액은 얼마 되지 않았다.

마침내 우리는 아마르 딥이 사는 가난한 동네인 오테리 Otteri에 도착했다. 좁은 골목길을 지나 비집고 들어간 그의 집은 여러 사람이 모여 사는 집이라고 하기엔 턱없이 좁은 방 한 칸에 불과했다. 방 한가운데에는 낮에는 앉아 있고 밤에는 잠자는 데 쓰는 큰 침대가 놓여 있었다. 침대에는 깔판이 없는 대신 대나무와 줄로 만든 뼈대가 놓여 있었다. 침대는 방 안 공간의 대부분을 차지하고 있었고, 바로 그 위에 내 친구 쿠마르가 누워 있었다. 그는 믿을 수 없을 만큼 야위었다. 정말로 그의 뼈를 모두 셀 수 있을 정도였다. 그의 큰 눈이 눈구멍 저 안에서 반짝였다. 그는 며칠 전부터 몇 모금의 물도 삼키기 어려웠기 때문에 말도 겨우 할 수 있었다. 나는 뜨겁게 끓는 그의 이마에 두 손을 올려놓고 그를 축복하였다. 그리고 주변을 조금 둘러보고는 아마르 딥에게 물었다.

"자네 가족은? 자네 가족은 어디서 자는 거지?"

"어떻게든 자리를 마련해서 잡니다, 신부님. 침대 주변에 거적을 조금 깝니다."

나는 마음 깊은 곳에서부터 화가 치미는 것을 느꼈다.

"아마르 딥, 자네는 자네 가족이 어떤 위험을 무릅쓴 건지 알기나 해? 이곳에 자네 가족을 함께 눕힌다고? 쿠마르는 방금 피를 토했어. 결핵은 전염성이 극도로 높다고. 어리석은 짓을 했군. 자네는 가족 모두를 위험에 빠뜨린 거야."

아마르 딥은 다정함이 가득한 큰 눈으로 나를 바라보았다.

"신부님, 제 아내와 아이는 형 집으로 보냈습니다."

그는 쿠마르를 바라보며 말했다.

"저는 쿠마르를 보살펴야만 했습니다. 그는 집이 없었으니까요."

그 순간, 얼마 전에 시복된 가녀린 모습의 한 여성이 떠올랐다. 그는 '집 없는 사람'을 자기 집으로 데려가기 위해 콜카타 길거리를 배회했었다.

내 안에 일렁이던 노여움이 부끄러운 마음으로 변했다. 나는 내 방 한 구석이라도 쿠마르에게 내어 줄 생각은 전혀 하지 못했다. 생각할 수도 없는 일이었다. 그저 누군가 쉬어갈 수 있는 작은 방 하나에 불과한 것인데 말이다. 가난한 아마르 딥의 가족은 쿠마르에게 그들의 유일한 침대를 내어 주었으며, 낯선 이를 위하여 자신들의 삶을 위험에 빠뜨렸다.

나는 아마르 딥과 함께 쿠마르를 위한 방 한 칸을 구하려고 애썼다. 크기가 작더라도 아마르 딥의 집에서 멀지 않으면서 사나토륨과도 가까운 곳에 방을 마련하게 되면 아마르 딥이나 그의 어머니가 병원에서 찾아온 약, 그리고 쿠마르가 마침내 삼킬 수 있게 된 물과 과일 주스를 쿠마르에게 매일 갖다 줄 수 있을 터였다.

극진한 보살핌과 사랑으로 '버텨온' 쿠마르는 몇 주를 더 살았다. 하지만 어느 날 결국 쓰러졌고 병원에 다시 입원해야 했다. 아마르 딥에게서 전화가 왔다.

"신부님, 이제 다 끝났습니다. 쿠마르가 죽기 전에 신부님을 다시 보고 싶어 합니다."

병실 침대 주위에 모인 사람은 모두 4명이었다. 아마르 딥, 그의 어머니, 밤에 쿠마르를 간호한 아마르 딥 가족의 친구인 가난한 한 여인, 그리고 나였다. 쿠마르는 우리 네 사람의 오른손을 잡아 자신의 가슴 위에 얹고는, 우리 네 사람의 겹쳐진 손 위에 자신의 야윈 손을 격식을 갖추어 올려놓았다. 나는 이것이 그가 마지막으로 한 위대한 행동이었다고 생각한다. 그리고 빛나는 큰 눈을 우리에게 고정시킨 채 얼마 남지 않은 목숨의 끝자락에서 나오는 겨우 들릴락 말락 한 목소리로 웅얼거렸다. 아마르 딥이 그의 입술 모양을 읽고는 우리에게 뜻을 전했다.

"더불어 사세요. 항상 서로 도우세요. 서로 사랑하세요……."

그러더니 마치 연로하신 총대주교님이 돌아가시기 전에 내리는 축복과 같은 말을 몇 마디 더 했다. 비록 잘 알아들을 수는 없었지만 말이다.

쿠마르의 생명의 불씨는 이틀 뒤 꺼졌다. 아마르 딥은 모든 화장 예식을 준비했다. 예식은 신성했고 상징적이었다. 진흙 항아리에 구멍을 뚫어 안에 든 물이 천천히 흘러나오게 하다가 항아리 안이 텅 비워졌을 때 항아리를 깨뜨리는 예식이 진

행되었는데, 마치 인간의 삶을 상징하는 듯했다. 아마르 딥은 아들이 자신의 아버지를 위해 하듯 1~2주 후 뒤이은 예식도 도맡아 치렀다. 그리고 며칠 간 모든 일을 쉬고 침묵 속에 잠긴 채 죽은 자에게 예우를 갖췄다.

키가 크고, 가난했으며, 버림받았던 쿠마르는 아마르 딥 가족의 가장이 되어 있었다.

'우리가 마련해 볼게요.'
이는 가난한 사람에게서 더 자주 들을 수 있는 말이며,
그래서 더 아름답게 들리는 말이다.

| 02
| 우리도 짐꾼이 되어야 한다

타밀나두주의 오래된 도로를 몇 군데 달리다 보면, 나라의 현대화와 함께 사라져가고 있는 이색적인 작은 구조물을 아직 볼 수 있다. 이 구조물은 길쭉한 화강암 세 개로 이루어져 있다. 돌 두 개는 1미터에서 1미터 50센티미터 간격으로 땅에 박혀 세워져 있고, 세 번째 돌은 두 개의 돌 위에 수평으로 놓여 있다. 문설주 같아 보이지만 구조물의 총 높이가 1미터 50센티미터를 넘지 않아, 문이라기엔 너무 낮고 어디로 이어져 있지도 않다. 그렇다고 벤치라고 하기에는 너무 높고, 몬순기후의 비나 정오의 태양을 피하는 막이로 쓰기에는 너무 좁다.

도대체 어디에 쓰이는 것일까? 나는 봉사활동을 하러 작업장을 방문한 대학생들에게 종종 문제를 냈지만, 정답을 맞히는 학생은 드물었다.

나는 학생들에게 힌트를 주었다.

"특별히 여성을 위해 만든 거란다."

"잘 모르겠어요……."

"주로 여성이 하는 일 중에서 무척 고된 일이 무엇일까?"

학생들은 묵묵부답이었다.

"여성들이 머리에 짐을 이고 다니는 걸 흔히 볼 수 있지? 물항아리나 나뭇가지 묶음 같은 것 말이야. 그런 무거운 짐을 이고 4~5킬로미터를 간 다음에는 잠시 짐을 내려놓고 쉬기도 해야겠지? 그런데 어떻게 하면 무거운 짐을 다시 머리에 이고 무릎이 다치지 않게 일어날 수 있을까? 쉬기 위해 몸을 구부리기 전에 우선 수직 받침대에 몸을 기대고, 그런 다음 머리에 이고 있는 짐을 수평 받침대에 천천히 밀어 넣는 거야. 그 후엔 편하게 앉기도 하고, 쉬기도 하는 거지. 다 쉬고 난 다음엔 일어선 채로 머리 위에 짐을 다시 밀어 넣은 후 가던 길을 가면 되는 거란다."

몇 세기에 걸쳐 힘들게 무거운 짐을 나르는 수백만 명의 여성이 고된 길을 끝까지 갈 수 있도록 도와준, 기발하면서도 꼭 필요한 이 구조물에는 타밀어로 '짐꾼(soumei tangui)'이라는 아름다운 이름이 붙여져 있다. 이것은 매우 상징적이며, 우리가 서로를 위해 무엇이 되어 줘야 하는지를 떠올리게 해 주는 굉장한 단어가 아닐 수 없다! 우리도 짐꾼이 되어야 한다!

너무 무거운 짐은 때때로 사람을 절망이나 자살로까지 몰아넣는다. 갈라진 가족이라는 짐, 더 이상 서로를 이해하지 못하는 가정이라는 짐, 지진아 혹은 중증 장애아라는 짐, 거절당하거나 배반당한 사랑이라는 짐, 재정적 파산이라는 짐, 차마 들추지 못하고 감추어야 하는 우리를 짓누르는 짐 등등.

이따금 주변 사람들이 짊어진 불안, 후회, 회한, 두려움이 얼마나 무거운지 알려면, 함께 몇 년을 지내거나 그 사람에게 귀를 기울이는 것으로 충분하다. 사람 안에 무엇이 있는지 보신 우리 주 예수님은 그 사실을 잘 아셨다. "고생하며 무거운 짐을 진 너희는 모두 나에게 오너라. 내가 너희에게 안식을 주겠다."(마태 11,28) 예수님은 모든 인류를 위한 '짐꾼'의 최고의 본보기이시다.

우리 모두는 비록 미약할지라도 그분처럼 '짐꾼'이 되라는 부름을 받았다. 그렇게 하기 위한 방법은 수없이 많다. 한 번의 미소, 약간의 눈짓, 공감의 말 한마디에 불과할지라도 이 모든 작은 신호는 이렇게 말한다. "아무것도 두려워하지 마. 걱정하지 마. 너는 혼자가 아니야. 내가 너를 이해해. 나는 너를 도와주기 위해서 여기 있어. 너와 함께 있어……."

나는 지금까지 살면서 다른 사람이 진 짐을 자기도 모르게 함께 들어 준 수천 명의 사람을 만났다. 비탄에 빠진 누군가를 돕기 위해 그 곁에 가려는 열망, 이는 참으로 심오하다.

태양과 아름다움의 나라이자 동시에 가난과 배고픔의 나라인 인도에서는 '도움의 손길'을 내밀 기회가 분명 없지 않다. 수년 전에 블레즈 아르미뇽Blaise Arminjon 신부가 베트남에서 마드라스로 왔을 때 그를 맞이한 적이 있다. 블레즈 아르미뇽 신부는 나의 참 벗이자 영성적으로도 위대한 사람이다. 어느 날 저녁, 나는 마드라스 교외 지역 밀라포르Mylapore에 있는 성 토마스 대성당까지 그를 데리고 갔다. 아시아 그리스도 사상의 높은 경지인 그곳은 프란치스코 하비에르Saint Francis Xavier 성인이 몰루카, 일본, 중국으로 가고자 인도를 떠나기로 마음먹기 전 장장 4개월 동안 기도를 했던 성 토마스 사도 Apostle Saint Thomas의 무덤이 있는 곳이다. 정작 프란치스코 하비에르 성인은 중국을 바로 눈앞에 두고 지쳐서 죽고 만다.

대성당에 가는 길에 블레즈 신부와 나는 사람들로 가득 찬 작은 상점 거리를 지나고 있었다. 그러다 쌀부대가 잔뜩 실린 수레 앞에서 가로막혔다. 가난한 일꾼 네 명이 땀과 먼지를 뒤집어쓴 채 수레를 끌고 있었는데, 두 사람은 앞에서 두 사람은 뒤에서 수레를 밀고 당겼다. 나는 블레즈 신부를 바라보았다.

"우리도 저들을 도와주는 게 어때?"

이렇게 해서 하얀 수단 차림의 두 사람이 거대한 수레를 함께 밀게 되었다. 지그재그로 이렇게도 저렇게도 밀어 보았지만, 수레는 전혀 앞으로 나가지 않았다. 그때 지나가던 사람 열두 명도 우리와 함께 수레를 밀기 시작했다. (이런 일은 늘 일어난다.) 그러자 수레바퀴가 홈에서 빠져나와 움직이기 시작했다. 우리는 구석에 방치하듯 세워 둔 구형 403[10]으로 돌아왔다. 블레즈 신부는 흐뭇해했다. 나는 블레즈 신부가 십자가를 지고 가시던 예수님을 도운 키레네의 시몬을 떠올렸다고 확신한다! 그의 생각은 틀리지 않았다. 예수님은 세상이 끝날 때까지 늘 최후의 순간에 계신다. 그리고 우리가 다른 사람들에게 하는 모든 행동은 예수님에게 하는 것이다.

한 번도 본 적 없고 이름조차 모르던 사람이 아무런 생색

---

10 1955년에 출시된 자동차 모델 '푸조403'

도 내지 않고 내게 친절을 베풀었던 일이 떠오른다. 마드라스에서 프랑스로 돌아오는 길에 나는 생 말로Saint-Malo 근처 생 자쿠 드 라메르Saint-Jacut-de-la Mer에서 열리는 컨퍼런스에 참석하기 위해 고속철도 테제베를 탔다. 내 기차표는 렌Rennes으로 가는 표가 맞았지만, 나는 그만 날짜를 착각하고 말았다. 내 표는 다음 날 표였다. 나는 일단 열차에 올라, 표에 적힌 객실 앞에 서서 검표원이 지나가기를 기다렸다. 열차는 곧 출발했고, 잠시 후 검표원이 왔다. 검표원은 내가 피곤해 보였는지 아직 비어 있는 좌석을 가리키며 좌석표를 가진 사람이 올 때까지 앉아 있어도 된다고 했다. 나는 검표원의 말대로 그 자리에 앉았고, 그만 잠들어 버렸다!

나는 렌에 도착해서야 깨어났고, 검표원에게 좌석 주인이 아직 안 왔는지 물었다.

"아니요, 선생님, 왔었는데요. 선생님께서 피곤해 보이셨는지 깨우고 싶어 하지 않으셨어요. 그리고는 열차의 객실 사이 통로의 빈 공간에 서서 가셨습니다."

"그분은 어디 계신가요? 감사 인사라도 드리고 싶습니다."

"이미 늦었습니다. 르망Le Mans 역에서 내리셨어요!"

아마 가능성이 많지 않겠지만, 어느 날 그가 이 글을 읽는

다면 그의 크나큰 세심함과 배려에 내가 얼마나 감동받았는지 전하고 싶다. 한 두 시간 동안 그는 내 짐을 들어 준 것이다!

 귀 기울여라, 귀 기울여라, 소음을 내지 말라.
 우리는 길 위를 걷고 있고, 우리는 한밤중을 걷고 있다.
 귀 기울여라, 귀 기울여라, 너를 향하는 주님의 발걸음을.
 주님은 길 위를 걷고 계시고,
 주님은 너의 곁에서 걷고 계시다.

쉬어 가는 글 l

택시 드라이버

내가 아직 하얀 수단을 입고 다니던 시절의 이야기이다. 나는 30여 시간의 장거리 여행을 마치고 봄베이[11] 빅토리아 역에 막 도착해 역 대광장 반대편에 있는 택시 정거장으로 가서 택시를 잡았다. 그리고 택시 기사에게 가능한 한 정중히 말을 걸었다.

"선생님, 실례합니다. 빈 택시가 맞나요?"

그는 놀라서 커진 두 눈으로 나를 바라보았다.

"신부님, 저를 '선생님'이라고 부르신 것도, '실례합니다.'라

---

11 Bombay, 인도 최대의 도시, 1995년 11월 뭄바이Mumbai로 개칭하였다.

고 하신 것도, 빈 택시가 맞는지 물어 보신 것도 신부님이 처음이십니다! 보통 사람들은 역 바로 앞에서부터 고갯짓을 하거나 제가 짐바리 짐승인 마냥 크게 손짓을 해서 부르거든요."

목적지에 도착했을 때 내 기억이 맞다면 그는 요금받기를 거부했다. 내가 자신을 인격적으로 존중했다고 느껴 그렇게 마음을 전한 것이다.

몇 년이 지난 1964년 봄베이에서 바오로 4세 교황을 맞았다. 아시아에 교황이 방문하는 일은 처음이었다. 인도 대학생 사목 담당 대표 사제였던 나는 산타크루즈 공항에서 교황을 맞이하기 위한 명예 위원회 위원으로 위촉받았다. 나는 택시를 타고 택시 기사에게 공항으로 데려다 달라고 했다. 그런데 택시를 너무 늦게 잡은 게 문제였다. 교황의 도착은 대단히 큰 일이었기 때문에 몇 시간 전부터 공항으로 가는 모든 도로가 막혔다. 유명 대중 일간지 블리츠Blitz는 교황 방문 기사를 1면에 실으며 이렇게 말했다. '우리는 대도시 봄베이에 아이젠하워[12], 흐루쇼프[13] 등 국가 원수나 최고 사령관을 맞이한 적이

---

[12] Eisenhower, 미국의 34대 대통령

[13] Khrushchyov, 1955~1964 제4대 소련 공산당 서기장, 1958~1964 소련 공산당 총리

있다. 오늘 우리가 맞이하는 사람은 대통령도, 최고 사령관도 아니다. 그는 다른 차원에서 저명한 사람이다. 예수 그리스도의 대표이다!'

결국 극심한 교통 체증 때문에 택시는 몇 킬로미터를 간 후 멈춰 서서 갓길에 대충 세워 둬야 했다. 끝나지 않을 것처럼 길게만 느껴지던 시간이 흐른 뒤, 떠들썩한 소리가 굉음처럼 점점 더 크고 가까워졌다. 길을 오가는 경찰 오토바이의 소음도 들렸다. 교황의 행렬이 다가온 것이다. 나는 이리저리 고개를 돌려 교황이 어디 있는지를 잽싸게 찾아냈다. 오픈카 위에서 있는 희미한 하얀색 실루엣이 보였다. 교황은 자신이 지나가는 길로 몰려드는 군중을 좌우로 살펴보며 끊임없이 축복했다. 택시 기사도 교황의 축복을 가능한 한 많이 받을 수 있도록 무릎을 꿇고 기다란 두 팔을 하늘을 향해 깔때기처럼 벌렸다. 교황은 우리가 있던 곳을 지날 때 다행히 우리 쪽으로 몸을 돌려 우리를 축복해 주었다.

내 기억이 맞는다면, 그 택시 기사 역시 요금을 받지 않겠다고 했던 것 같다. 그는 교황의 축복을 받았고 그날 하루는 그것으로 충분했다. 그는 내게 교황이 떠나기 전까지 남은 3일간을 기도와 명상을 하며 보내겠다고 말했다! 그는 인도인이었다. 이것이 바로 인도다!

03 달고 계신 장미 꽃봉오리를 주실 수 있나요?

나는 15년 동안 인도가톨릭대학연합(AICUF)에 함께 참여할 특권을 누렸다. AICUF는 예전에도 그랬고 지금도 그러하듯 가난한 사람들을 위해 봉사하자는 지적이고 구체적이며 깊이 있는 사회적 약속을 주창하는 단체이다. AICUF의 한결같은 중심 생각은 대학교가 선지자 역할을 하자는 것이다. 다시 말해 더 나은 미래를 위한 보다 정의로운 사회 구조를 마련하고자 대학이 국가를 위해 봉사하겠다는 것이다.

AICUF는 이러한 이상을 실현하기 위해 사회적 혜택의 사각지대에 놓여 있는 사람들을 직접 찾아가 만나고, 그들을 돕는 일에 생각이 아닌 행동으로 나서야 한다고 다짐해 왔다.

1957년부터 1958년까지 인도 대학생들이 참여한 작업장이 시작된 이후 프랑스 대학생들까지 합류해 지금까지 이어지고 있다. 낙후된 지역에 도로와 학교를 짓고, 우물을 파는 구체적 행동을 통해 우리의 연대 의식을 대중과 함께 나누길 희망했던, 말 그대로 최초의 대학생 운동이 아니었을까 싶다.

독립 초기여서 그랬는지 우리는 인도 공공 기관의 주목을 받았고, 나는 타밀국 준정부 운동 인도공익협회Bharat Sevak Samaj(BSS)의 서기관으로 전격 발탁되었다. 우리는 인도 국무총리 자와할랄 네루[14]가 주재하고 칸푸르Kanpur에서 열린 초기 BSS 국내 회의에 초청받았다. 그는 인도 전역에서 온 대표단에게 인사하기 위해 이 테이블 저 테이블을 돌아다녔다. 그가 5~6명의 적은 인원이 모여 있는 우리 테이블에 왔을 때, 한 젊은 여학생이 그에게 스스럼없이 물었다. 여학생의 질문을 듣고 나는 깜짝 놀랐다.

"국무총리님, 총리님의 단춧구멍에 있는 장미를 주실 수 있나요?"

---

14 1889~1964. 인도의 초대 총리. 비동맹주의의 선도자. Jawaharlal Nehru 또는 Pandit Jawaharlal Nehru라고 쓰는데, Pandit는 힌두어로 교사라는 뜻이며, 카스트 제도의 최고층인 브라만 중에서도 최고의 지배 계층을 지칭한다.

"물론이지요, 아가씨!"

그는 흔쾌히 대답하더니 격식을 갖추어 자신이 달고 있던 장미 꽃봉오리를 주었다!

마하트마 간디와 함께 현대 인도를 수립한 자와할랄 네루. 그가 그렇게 기분 좋아하는 모습은 본 적이 없었다. 그도 정치가이기 이전에 한 사람의 신사였던 것이다.

04 그렇게 우리는 새 일을 시작했다

어느 날 국제민간봉사단Service Civil International(SCI)에서 소규모 팀으로 파견된 봉사자들과 함께 마드라스 에그모르Egmore역 근처에서 하수구 뚫는 작업을 하고 있을 때였다. 마드라스의 공식 깃발을 휘날리며 검은색 차 한 대가 다가와 우리 앞에 멈춰 섰다. 그리고 마드라스 시민이라면 누구나 알 만한 여성이 차에서 내렸다. 바로 마드라스 시장 샤리안 여사였다. 그가 대학생 자녀를 둔 까닭에 나는 그를 잘 알고 있었다. 진흙 범벅이 된 수단을 입고 있는 내게 그가 다가와 물었다.

"신부님, 여기서 뭐하세요?"

"시장님, 보시다시피 시장님의 도시를 청소해야 할 것 같아서 지금 치우는 중입니다!"

"다들 고생이 많으세요. 그건 그렇고 신부님, 신부님께 맡기고 싶은 대형 사업이 있어요. 거리에서 살아가는 사람들을 위한 재정착 사업입니다."

"죄송합니다만 저희는 소규모 인원이 자원봉사로 일하고 있습니다. 그런 대규모 사업을 할 만한 인원수도 되지 않고, 그만한 능력도 없습니다."

그러자 그녀가 완강하게 대답했다.

"아니요. 아닙니다. 저희에게 필요한 사람은 신부님처럼 성실하게 일하시는 분이에요. 항구 북쪽에 공터 2~3헥타르의 부지를 이미 마련해 두었습니다. 벽돌, 시멘트, 대나무, 짚 같은 필요한 자재들을 보내 드릴게요. 매주 재정착할 가족들을 저희 트럭으로 신부님께 데리고 가겠습니다. 아무 문제없어요!"

그렇게 우리는 시에서 추진하는 대형 사업에 참여하게 되었다. 집 없이 떠도는 가족을 위한 작은 오두막집, 더 정확히 말하면 '개량 오두막집' 몇 백 채를 지었다. 그렇게 해서 가난한 사람들이 오두막집에 들어와 살게 되었지만, 그들의 이주 혹은 퇴거가 그리 간단한 문제는 아니었다. 일단 거처를 옮기는 일이 그들의 뜻과는 상관없는 것이었으니 말이다. 가난한 사람들은 대개 자신들의 일터 근처에 살기를 바란다. 도시의 성장과 재개발을 이유로 점점 더 도시 외곽으로 밀려나는 것을 두려워한다. 도시 외곽에서의 삶이 아이들을 위해서 더 안락하고 안전하다 해도 그렇다.

시에서 보낸 트럭이 오두막집 촌에 도착했을 때의 광경을 잊을 수가 없다. 찌그러진 솥과 냄비, 텅 빈 플라스틱 병, 쌀과 참깨 열매 등 얼마 안 되는 소지품과 함께 쏟아져 나오던 수십 명의 가족들과 우는 아이들을 기억한다. 집을 잃은 사람들이 겪어야 하는 가난의 충격적인 민낯을 말이다. 그로부터 몇 년 후, 폭탄 투하에 쑥대밭이 된 캄보디아 국경에서 목격한 비극적인 광경은 말할 것도 없다. 삶의 터전을 잃은 이들이 진흙투성이 구덩이와 대전차 라인을 따라 늘어서 있었다. 이들의 두려움을 감히 짐작할 수 있을까.

그나마 다행인 건, 고통받는 이들 곁엔 언제나 몸을 아끼지 않고 도움을 보태는 훌륭한 청년들이 있다는 것이다. 인도 내 국제민간봉사단에는 인도 자원봉사자 외에도 일본, 프랑스, 영국, 독일 등 각지에서 온 자원봉사자가 있었다. 그리고 스웨

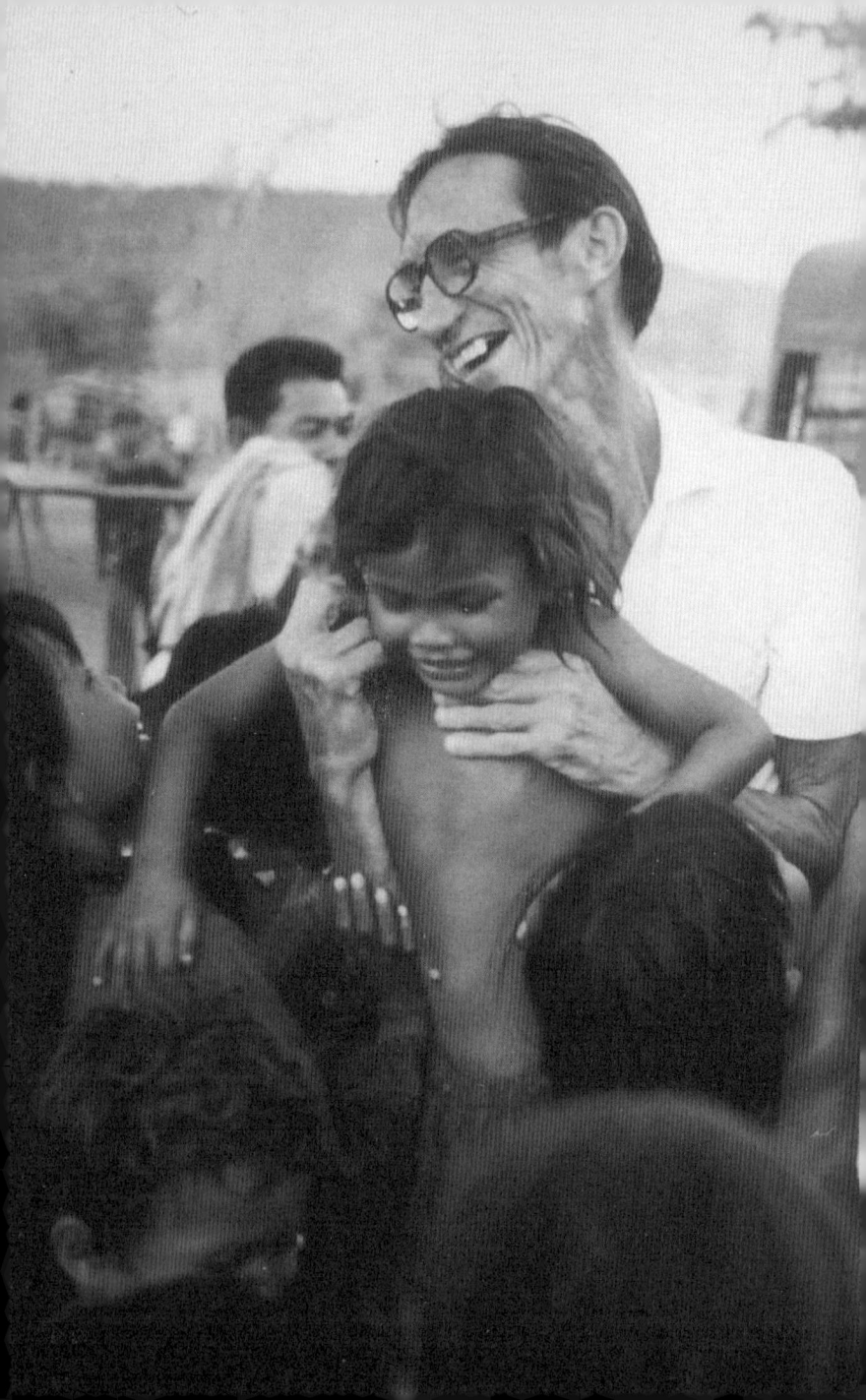

덴 엠마우스[15] 공동체의 재정 지원을 받아 파견된, 대부분 젊은 여성으로 구성된 스웨덴 자원봉사팀 '제비(swallows)'도 우리와 함께해 주었다. 그렇게 우리는 새 일을 시작했다.

---

15 Emmaüs. 프랑스 아베 피에르 신부가 1949년 빈민을 위해 프랑스 파리에 설립한 공동체. 이후 전 세계 각지에 생겼다.

05 아기를 구하는 것은 세상을 구하는 것이다

어느 날 오후 젊은 간호사 모니크가 나를 찾아와 다급하게 말했다.

"신부님, 오두막집에 죽어 가는 아기가 있어요. 지금 당장 아기를 제일 가까운 병원으로 데려가야 해요! 빨리 산소마스크를 씌우지 않으면 위험해요. 이 상태로는 두세 시간 버티기도 힘들지 몰라요."

우리는 모니크가 말한 아기가 있는 오두막집으로 서둘러 갔다. 아기는 열이 불덩이처럼 올라 있었다. 아기 엄마에게 아기의 위급한 상태를 설명했다. 아기의 집에서 5~6킬로미터나 떨어져 있는 병원에 가서 산소마스크를 씌우려면 지금 당장 출발해야 했다. 아기 엄마는 두 팔로 아기를 꽉 안은 채 몇 발자국 뒤로 물러나더니 아무 데도 가지 않겠다는 태도로 고개를 저었다.

"제발요, 저희와 함께 가시죠, 아주머니……. 지금 바로 떠나야 해요……."

나는 제일 잘하는 타밀어로 아기 엄마를 계속 설득했다.

"그럴 수 없어요."

그녀는 단번에 거절했다. 그리고는 자신은 무슬림이며 병원에 가는 것을 결정하는 사람은 남편이라고 했다.

"남편은 어디 있나요?"

"메탈 박스 공장에."

"남편은 언제 돌아오죠?"

"저녁 7시."

나는 모니크를 바라보았다.

"너무 늦어요. 그때까지 기다렸다가는 아기가 죽을지도 몰라요."

우리는 계속해서 아기 엄마를 설득했지만, 아기 엄마는 일관되게 '안돼요'라고 답했다. 나는 모니크에게 말했다.

"우리가 할 수 있는 일이 없구나. 아기 엄마가 원하지 않는

다. 돌아가자."

모니크와 함께 구형 403을 타고 마드라스로 돌아가는 길에 나는 모니크에게 앞으로 절대 잊지 못할 생애 가장 아름다운 교훈 하나를 배웠다. 모니크는 무척 화가 나 있었다.

"신부님, 신부님에게는 아기를 구할 수 있는데도 죽게 내버려 둘 권리가 없어요."

"모니크, 그렇다고 내가 아기 엄마 동의 없이 아기를 강제로 병원에 데리고 갈 수는 없잖아. 만일 길 위나 차 안에서 목숨을 잃게 되면 어떻게 하지?"

"신부님에게는 아기를 죽게 내버려 둘 권리가 없다고요."

모니크는 다시 한번 그렇게 말하고는 입을 닫아 버렸다. 나는 모니크를 그녀의 하숙집에 내려 준 다음, 당시 내가 거처하던 로욜라 대학[16]으로 갔다. 하지만 내 마음은 계속 요동쳤다. 모니크의 말이 마음에 박혀 불안했다. 어쩌면 모니크의 말이 맞았다. 특히 아기의 생명이 달린 일이었기에, 할 수 있는 일이라면 뭐든지 다 해 봐야 했다. 곧 밤이 되었고 비가 오기 시작했다. 나는 세차게 내리는 빗속에서 대형 모터사이클 불릿

---

[16] Loyola College, 예수회 설립 대학교

Bullet을 타고 샤리안 나가르Cherian Nagar를 향해 전속력으로 달렸다. 다행히 아기는 아직 살아 있었다. 그리고 아기 아빠도 퇴근해 집에 와 있었다. 우리는 곧장 병원으로 향했고, 아기는 목숨을 구했다.

나는 그날 스무 살의 이 젊은 여성에게서 결코 잊지 못할 깨달음을 얻었다. 아기의 생명은 세상 모든 귀한 것을 합친 것보다 더 귀중하며, 아기의 생명을 지키기 위해 온 세상 모두가 관심을 갖고 힘을 합쳐야 한다는 것이었다. 도스토옙스키는 이런 말을 했다. "아기를 구하는 것은 세상을 구하는 것이다." 만일 모니크가 이 몇 줄의 글을 읽게 된다면, 그녀에게 진심으로 감사를 표하고 싶다. 이미 너무 오래 전 일이라 불가능할지도 모르겠지만 말이다.

이 이야기는 단지 아기의 생명에 관한 것만은 아니다. 제 아무리 가난하고, 가진 것 없다 하더라도 그 누구에게나 소중한 생명에 관한 이야기이다. "인간의 생명은 세상의 어떤 물질적 부유함보다 위에 있다."는 파스칼의 말처럼, 인간의 생명은 모든 것을 초월한 가치이자 질서이다. 언제나 인간이 세상의 '중심'인 것이다.

인간의 생명은
모든 것을 초월한 가치이자 질서이다.

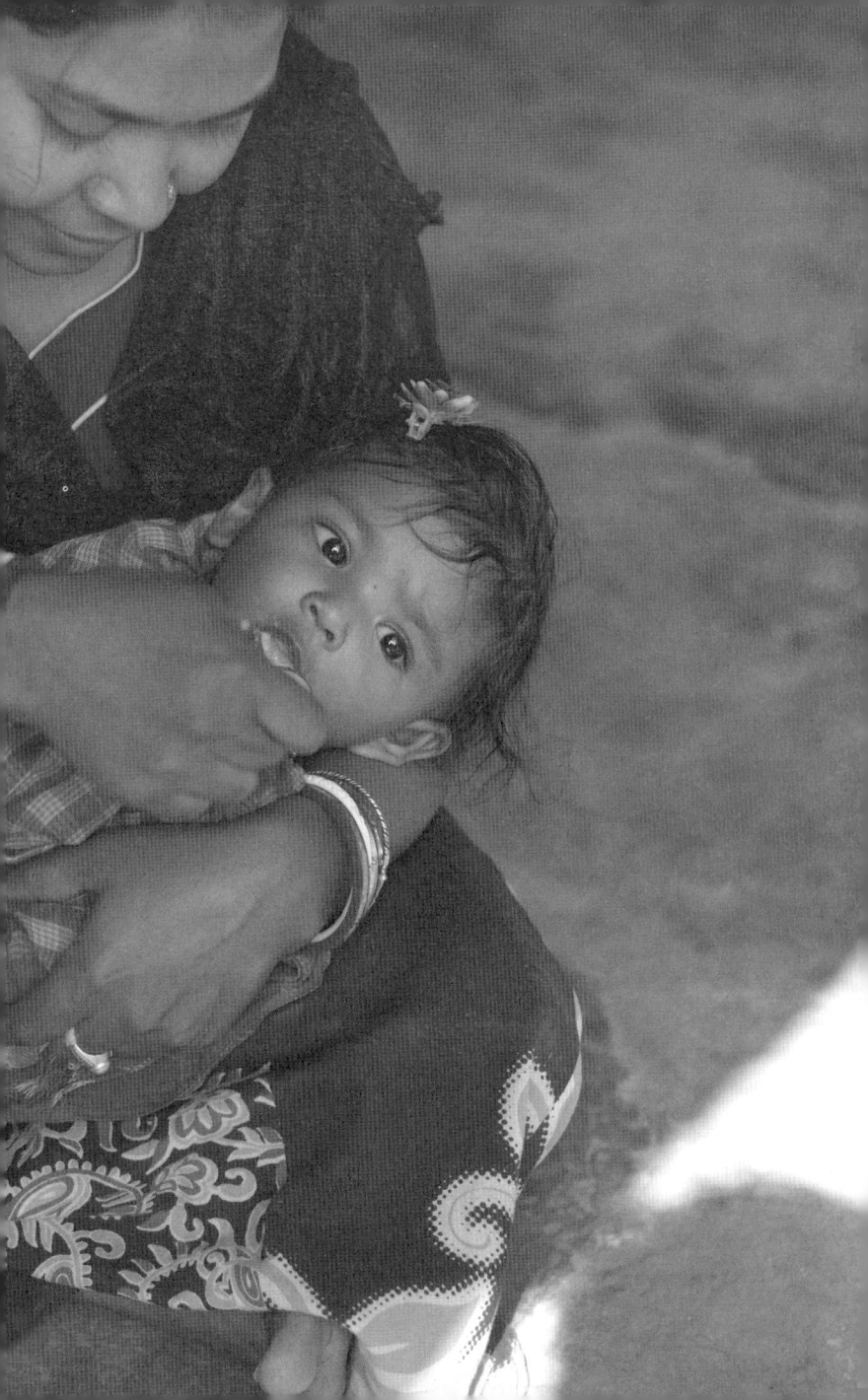

06 더 많이 해 주십시오

한번은 젊은 고등학교 여교사 세 명에게서 지원금을 받게 되었다. 이전에 만나 본 적도 없고 이름조차 몰랐던 사람들이었다. 어떻게 내 주소를 알게 되었는지는 모르겠지만, 이 여교사들은 내가 1980년에 캄보디아로 떠날 때까지 수년간 끊임없이 지원금을 보내 주었다. 그들은 고등학교 선생님이었기에 아마도 안락한 삶을 누릴 만한 보수를 받았을 것이다. 그러나 그녀들은 자신보다 더 가난한 이들을 위해 살기로 결심했고, 월급에서 최저 임금을 뺀 금액 전부를 자동으로 공동 저축

해 나에게 보냈다. 내가 받은 마지막 선물은 프랑스 숄레[17]에서 만든 작고 빨간 손수건 세 장이었다.

25년도 더 지났지만, 나는 여전히 이 세 명의 여교사에게 감사 인사를 전하고 싶다. 또한 수년 전부터 끊임없이 나를 지원해 준 다른 모든 사람에게도 진심에서 우러나오는 감사와 존경을 전하고 싶다. 일일이 그 이름을 대기 힘들 정도로 수많은 사람의 도움이 있었기에 수천 명의 어린이가 살아갈 수 있었고, 수백 명의 사람이 목숨을 구할 수 있었다. 거액의 지원금을 보내 준 사람도 있었지만, 반면 돈이 없어서 우표를 보내 온 장기수도 있었다. 자신의 모든 것을 내어 주는 관대함에 나는 큰 감동을 받았다. 나를 지탱해 준 것은 아마도 그들의 사랑이었던 것 같다. 그들의 사랑이 내 가슴에 깊이 와 닿았고, 아우구스티노 성인이 말한 '자선의 공간'을 조금씩 넓혀 나갈 수 있었다.

주님은 이렇게 말씀하셨다. "내가 진실로 너희에게 말한다. 너희가 내 형제들인 이 가장 작은 이들 가운데 한 사람에게 해 준 것이 바로 나에게 해 준 것이다."(마태 25,40) 얼굴도 이름도

---

17 '숄레직'이라는 각종 직물 생산으로 유명한 도시

모르는 먼 곳에 사는 수많은 사람에게 큰 사랑을 베푼 세 명의 여교사는 자신들이 주님의 말씀을 가장 올바르게 실천한 장본인들임을 알까? 하느님께서 언젠가 모든 인류를 심판하시고자 오실 때에, 국가와 인종, 언어를 떠나 하느님 앞에 모인 사람들 가운데 자신들의 이름이 불리어질 것이라는 건 알까?

예전에 어느 저명한 인도 사람이 내게 존경을 담아 이런 말을 한 적이 있다.

"죄송합니다. 저는 그리스도인이 아닙니다. 때문에 성경을 존중하지만 다 믿지는 않습니다. 하지만 만약 당신이 한 모든 일이 정말로 하느님께 해 드린 일이라고 믿는다면, 부탁합니다. 더 많이 해 주십시오."

더 많이 해 달라는 말. 이 세상만큼 크고, 어쩌면 이 세상을 초월할 수도 있는 몇 마디의 말. 이 말은 빈첸시오 드 폴 성인과 프랑스 여왕 안 도트리슈[18]의 대화에도 등장하는 말로, 내게도 영원히 기억될 말이 되었다.

"빈첸시오 씨, 당신은 왜 항상 근심에 빠져 있나요? 부탁이니 이제 제발 자신을 그만 괴롭히세요. 당신은 정말 많은 일을

---

18 Anne d'Autriche, 1601~1666, 프랑스의 왕 루이 13세의 왕비

이뤄 냈어요. 가난한 사람, 고통에 처한 사람, 난민들을 위해 정말 많은 걸 하셨잖아요. 그 이상 뭘 더 할 수 있겠어요?"

"더욱 더 많이요! 여왕님."

굶주린 이에게 네 양식을 내어 주고
고생하는 이의 넋을 흡족하게 해 준다면
네 빛이 어둠 속에서 솟아오르고
암흑이 너에게는 대낮처럼 되리라.

이사 58,10

쉬어 가는 글 II

여왕의 환대

때는 1950년대였다. 나는 티루치라팔리 성요셉대학교 Tiruchirapalli St. Joseph's College의 신부로 부임하였다.

어느 날 엠마뉘엘 무니에[19]의 후계자이자 잡지 〈에스프리 Esprit〉의 프랑스 기자가 나를 찾아왔다. 나는 그에게 록 템플 Rock Temple, 스리랑감Sri Rangam 등 트리치에 있는 시바파[20], 비슈누파[21]의 유명 사원의 화려함을 보여 준 후 대학교에서

---

19 Emmanuel Mounier, 1905~1950, 프랑스의 철학자, 인격주의의 제창자, 잡지 〈에스프리〉 창간

20 시바 신을 숭배하는 힌두교 종파. 비슈누파, 샤크티파와 함께 힌두교의 주요 세 종파 중 하나

21 비슈누 신을 숭배하는 힌두교 종파

멀지 않은 빈민가로 그를 데리고 갔다. 우리는 가장 가까운 오두막집 한 곳으로 들어갔는데, 아기를 보고 있던 한 젊은 여성이 우리를 맞이했다. 그녀는 일터에 있는 남편 이야기를 하는 동안 우리에게 품위 있고 친절하게 맛 좋은 차 한 잔을 대접해 주었고, 더 내올 게 없다며 미안해했다.

오두막집은 누추했지만 깨끗했고, 모든 것이 정돈되어 있었다. 빈곤 속의 아름다움이었다.

몇 달 후, '나는 여왕에게 환대받았다.'라는 제목이 찍힌 〈에스프리〉의 별쇄본을 받았다. 트리치 빈민가의 가난한 달리트 여성이 왕가에서 하듯 우리를 맞이해 준 일을 쓴 내용이었다.

07 국경 없는 청춘들

오래 전부터 기쁨과 우정, 관대함을 지닌 훌륭한 청년들이 우리를 찾아오고 있다. 그랑제콜[22], 대학교, 스카우트, 다양한 대학생 연합회 등 여러 단체에 속한 건강한 젊은이들이다. 그들의 수는 점점 늘어나고 있으며, 나는 그들을 매년 다시 볼 수 있어서 기쁘다.

그들은 그저 한두 달 정도 약간의 도움을 주러 오는 거라고 겸손하게 말하지만, 사실 그들이 가진 것을 머나먼 타국에 사는 가난한 이들과 나누어야 한다는 신념으로 우리를 찾아오는

---

[22] Grandes Écoles, 프랑스 고유의 엘리트 고등 교육 기관

것이다. 그들을 보고 있으면 밝은 미래가 그려지면서 마음이 놓인다.

내 기억이 맞다면 첫 번째 팀이 도착한 때는 1967년이었다. 밝고 건강한 소년 여덟 명이었는데, 카우스 학교[23]의 푸줄라 신부님이 보낸 학생들이었다. 지금도 그렇지만 당시에 인도로 떠난다는 것은 모험이었다. 소년들은 마드라스 빈민가에 작은 보건소를 지었고, 뜨거운 태양 아래서 한 달을 보낸 뒤 귀국했다. 그들은 브리오슈 빵처럼 탔지만 자신들이 경험하고 배운 것 때문에 행복해했고 자부심을 느꼈다. 소년들은 툴루즈에 돌아가자마자 사람들에게 자신들이 경험한 것들을 얘기하지 않을 수 없었다. 특히 마지막 날 나환자들과 함께 춤춘 일! 그 기억은 두고두고 아시시의 프란치스코 성인을 떠올리게 하지 않을까!

소년들이 인도를 다녀간 다음 해, 나는 툴루즈에 들르게 되었고, 이 학생들의 부모님을 만나게 되었다. 그들은 대학교수, 의사, 기업가, 자영업자 등의 직업을 갖고 툴루즈에서 건실한 가정을 이룬 사람들이었다. 그들은 내게 한 번도 프랑스를 떠

---

23 Collège du Caousou, 프랑스 남부 툴루즈에 있는 가톨릭 사립 교육 기관

나 본 적이 없으나 그들의 자녀를 통해 많은 것을 배우고 좋은 영향을 받았다는 말을 해 주었다.

"아이들에게서 인도에서 있었던 일을 전해 들었습니다. 특히 빈민가 사람들에 대한 이야기를 많이 해 주더군요. 그들도 우리와 똑같은 사람이라고 말이죠."

나는 우리도 이 학생들처럼 새롭고 아름다운 세상을 발견하고 세상을 바꿀 수 있는 희망을 찾기를 바란다.

그다음 해에는 대학생 열여섯 명으로 구성된 봉사단이 우리를 찾아왔다. 그렇게 많은 수의 학생들이 온 것은 처음이었는데, 대부분 프랑스 고등 사범학교 학생이었다. 그들은 어느 날 파리에 있는 마들렌느 교수에게서 그녀의 자매이자 간호사인 마리 드니에 대한 이야기를 듣게 되었다. 마리 드니는 수년 전부터 마드라스에서 남쪽으로 400킬로미터 떨어진 코빌루Kovilur의 작은 보건소에서 나환자들을 돌보며 지내고 있었다. 프랑스로 돌아갈 생각은 결코 하지 않은 채 말이다. 결국 마리 드니는 죽을 때까지 프랑스로 돌아가지 않았다. 대학생들은 마리 드니와 나환자들을 위해 나병 병원을 짓기로 마음먹었다.

그들은 내게 실력 있는 건축가가 그린 병원 도면과 견적서를 보내 달라고 했다. 그리고 모든 비용은 자신들이 직접 부담하겠다고 말했다. 나는 자선 사업에 필요한 많은 액수의 돈이 그저 '아빠에게서 받은 돈'이어서는 안 된다는 말을 거듭 강조하는 답변을 보냈다. 그들이 짓겠다는 병원이 그들의 병원이길 바란다면 병원 건립에 들어가는 돈 또한 그들의 것이어야 했다. 대학생들은 병원 건립 자금을 모으기 위해 겨울 내내 일을 했다. 세차를 하고, 석탄 부대를 7층까지 옮기는 일을 했으며, 영화를 보지 않았고, 담배도 끊었다.

그들이 인도로 떠나기 몇 주 전, 나는 파리의 어느 거리에서 그들을 만났다. 그들은 나에게 병원 건립에 필요한 돈을 모았다고 말하고는, 내가 전혀 예상하지 못한 말을 덧붙였다.

"신부님, 많이 생각해 봤는데요. 저희 인도에 가지 않기로 했습니다."

"뭐라고? 가지 않겠다니?"

"계산을 좀 해 봤는데요. 저희들이 인도까지 갈 비행기 표 값까지 보태면 신부님께서 훨씬 더 좋은 병원을 지으실 수 있을 겁니다."

"그래, 아마도 그렇겠지. 그래도 그게 아닌데. 너희들이 꼭 와야 한단다. 병원보다 그게 더 중요해. 만약에 너희가 인도에

오면 너희 스스로가 변화되는 것은 물론이고 너희 주변 사람들도 변화하도록 너희가 도움을 줄 수 있을 거야."

그들은 이후 2년 동안 연달아 인도에 갔다. 그들은 대학생들이 아무리 많이 왔다고 해도 반드시 필요한 현지 석공의 도움을 받아 작은 병원을 지었다. 그들이 지은 병원은 아직도 운영 중이다.

이후 나는 그들을 다시 보지 못했다. 누군가는 남아메리카 국가로 일하러 떠났고, 또 누군가는 장애인을 위해 여전히 장 바니에[24]와 일하고 있다는 소식을 들었다.

국경을 넘어 도움의 손길을 보태는 청년들의 물결은 멈추지 않고 더욱 거세졌다. 매년 열다섯에서 스무 팀 정도가 우리를 찾아온다. 대부분은 비정부기구(NGO)에서 계속 조직하고 준비하는 팀으로, 가장 규모가 큰 팀은 '인도 희망Inde Espoir'이다. 다른 단체도 수가 더 늘어나고 있다.

우리를 찾아오는 형태도 다양해졌다. 여름방학 동안 자신들이 직접 선택한 사업에 참여하러 오는 '작업팀'도 있었고, 그

---

24 Jean Vanier, 1928~, 캐나다 철학자, 신학자, 운동가. 발달 장애인들을 섬기는 '라르슈 공동체'와 발달 장애인과 그들의 가족을 섬기는 그리스도교 자선 단체 '신앙과 빛' 설립

저 혼자나 두 명에서 네 명 정도 찾아와 4개월에서 6개월, 길게는 1년 동안 장기 체류하는 소수의 그룹들도 있었다. 대부분은 의사, 간호사, 농부, 교사 등의 전문직 종사자였고, 제빵사와 재봉사도 있었다.

참여 방법은 점점 다양해졌다. 그 방법이 무엇이든 간에 그들 모두의 발걸음은 그리스도를 향하고 있었다. 항상 깊이 있었고, 인간적이었으며, 타인을 향해 때로는 그분을 향해 한 걸음 한 걸음 걸어 나가고 있었다. 그중 인상적이었던 몇 명의 젊은 여학생들이 생각난다. 이 여학생들은 많은 인도인들과 만나며 깊은 감명을 받았고, 그 후 자신들의 삶을 성찰하며 하느님께 헌신하는 삶을 살았다.

대학생들은 이곳 현지어를 알지 못했기 때문에 몸으로 하는 일을 했고, 농부들과 함께 일하면서 손짓 발짓과 미소를 통해 소통할 수 있었다. 대학생들은 우물, 보건소, 공동체 센터, 집 등을 만들어 나갔다. 그들은 한 방울의 물이지만 진정한 것이 무엇인지를 몸소 체험했다. 그리고 가난한 마을을 위해 꼭 필요하고 오랫동안 도움이 될 무언가를 스스로 일구어 냈다는 데에서 오는 만족감을 느꼈다. 그러나 현지 농부들과 헤어지는 순간이 오면 학생들과 농부들의 눈가에 눈물이 고였다.

그들이 머물다 간 마을은 많이 변했다. 함께 일했던 농부들의 아이들은 대를 이어 마을의 우물에서 마실 물을 얻게 될 것이다. 그리고 대학생들과 마을 주민들이 함께 지은 집에서 안전하게 살아갈 것이다.

언제 어디에나 진정성의 꽃은 핀다. 그리고 그 꽃은 시공간을 넘어 세상 어느 곳에나 진실된 꽃씨를 뿌릴 것이다. 파스칼은 이런 말을 했다. "바다 속 돌멩이 하나가 바다 전체를 변화시킨다."

나는 부유한 국가의 청년들에게 진심어린 부탁을 하고 싶다. 대립과 반목이 끊이지 않는 이 세상에서 중책을 맡는 리더의 임무를 제의받을 청년들이여. 인류의 4분의 3을 차지하는 가난한 국가의 문제에 귀를 기울여 주기를. 그리고 그들이 진정으로 필요로 하는 것이 무엇인지 이해해 주기를.

"그들 역시 인생의 향연을 누릴 권리가 있습니다."

뉴욕 UN에서, 바오로 4세 교황

08

나눔이 없으면 모두 무너져 버릴 거야

우리는 모두 꿈꾸고 있다. 더 나은 세상을 만들고 싶다고. 나는 우리의 꿈이 실현되기 위해서는 가치에 관한 근본 질문으로 돌아가야 한다고 생각한다. 사람과 돈 중에 무엇이 더 중요할까? 사람에 중심을 둔 가치가 바로 선 다음에야 상대적으로 덜 가진 이들을 짓누르는 부당한 구조를 변화시킬 수 있다. 요한 바오로 2세 교황은 1988년 파나 니콤Phanat Nikkom 캠프에서 캄보디아, 베트남, 라오스 등 난민 수천 명 앞에서 모든 인간에게는 살 권리가 있다고 말했다.

만약 누군가 여러 가지 이유로 자기 집에서 살 수 없게 되었다면, 그는 다른 곳에서 살 권리가 있다. 그리고 다른 곳에 살고 있는 사람들은 그를 이웃으로 받아들일 의무가 있다. 제3천년기[25]의 가장 중요한 투쟁은 인간의 자유와 존엄성을 위한 투쟁이 될 것이다. 우리 그리스도인에게 인간을 위한 투쟁은 곧 하느님을 위한 투쟁이다.

현 세계는 분열과 불평등의 구조 속에 몸살을 앓고 있다. 그 구조를 근본적으로 개조하지 않으면 안 된다. 세계 인구의 20퍼센트는 거의 전부를 가지고 있고, 나머지 80퍼센트는 가진 게 거의 없는 괴물 같은 불평등은 반드시 개선되어야 한다. 수백만 명의 우리 아이들을 죽이거나 죽게 내버려 두는 불평등을 더 이상 두고 볼 수 없다.

노벨 평화상 수상자 엘리 비젤은 '나눔'을 화두로 내세운 바 있다. 그리고 동생 아벨을 죽인 카인의 이야기를 언급하며 매우 강렬한 한마디를 남겼다. '사람을 죽이는 것은 형제를 죽이는 것이다.'

나는 이 말을 조금 변형해 이렇게 말하고 싶다. '사람을 죽게 내버려 두는 것은 형제를 죽게 내버려 두는 것이다. 우리는 이것을 받아들일 수 없다.'

---

[25] 2001년 1월 1일~3000년 12월 31일. 세 번째 시기의 천년을 뜻함

'사람을 사랑하지 않는다면

사랑할 수 없는 하느님은 누구신가?

우리가 사람에게 상처를 주면

이처럼 심하게 상처를 입으시는 하느님은 누구신가?'

성무일도 찬미가(연중 제1주간 토요일, 아침기도 찬미가)

2000년 무렵에 훌륭한 신학자 두 명이 마드라스를 찾았다. 한 명은 태평양 외딴 섬에 살고 있는 선교사였고, 다른 한 명은 워싱턴의 인간배려센터(Center for Human Concern) 설립자이자 당시 잠비아에서 일하던 피터 앙리옹Peter Henrion 신부였다.

어느 날 저녁 나는 그들을 로욜라 대학 근처 빈민촌으로 데려갔다. 마침 우리 아이들이 식사를 하려던 때였다. 어린 소녀 두 명이 식사 준비를 위해 작은 골목길 바닥에 바나나 잎을 펼쳐 놓고 있었다. 잎이 100장, 200장, 300장이 되자 여기저기에서 아이들이 모여들어 잎 앞에 앉았고, 이웃 오두막집에서 밥을 가지고 오기 시작했다. 큰 쟁반에는 맛있는 냄새와 함께 김이 폴폴 나는 흰 쌀밥이 가득했다. 여기에 소스, 커리, 물잔, 그리고 과일까지 없는 게 없었다. 가난한 여성들과 어린 소녀들은 그들이 내올 수 있는 모든 것을 아낌없이 갖고 나왔다. 각자 음식을 나누어 받았고, 어린 여자 아이가 일어나서 감사 기도를 드렸다. 아이들은 모두 굶주려 있었지만 기도가 끝나기 전 음식에 먼저 손을 대는 아이는 없었다. 이를 지켜본 두 신학자는 크게 놀랐다. 피터 앙리옹 신부가 내게 말했다.

"저기, 피에르, 이것이야말로 제3천년기 교회일세."

"피터, 이 사람들은 전부 힌두교인 아니면 무슬림이야. 교회라니……."

나는 그가 아이들을 모두 그리스도인이라고 생각하는 것 같아 일러두었다.

그러자 그가 아랑곳 하지 않고 단호하게 말했다.

"이게 바로 제3천년기 교회야. 여기저기에서 온 사람들, 모두를 위한 음식들. 이게 바로 나눔의 교회일세."

그리고는 덧붙여 말했다.

"나눔 없이는 제3천년기도 없을 거야! 이번 천년기가 끝나기 전에 먼저 무너져 버릴 거야!"

'무너져 버릴 거야.' 뉴욕에서 일어난 911테러와 마드리드와 다른 곳에서 생긴 일을 보면, 이미 무너져 버리고 있는 건 아닌지 자문할 수밖에 없다.

네가 멍에 줄을 끌러 준다면,

네가 결박된 네 형제를 자유롭게 해 준다면,

네 길의 밤은 대낮의 빛이 되리라.

네가 사람들 사이의 벽을 허물고,

네가 너의 적인 형제를 용서한다면,

너의 열정의 밤은 대낮의 빛이 되리라.

- 이사야서 58장에서

작사: 미셸 스쿠아르넥 Michel Scouarnec
작곡: 조 아켑시마스 Jo Akepsimas

쉬어 가는 글 Ⅲ

단벌의 사리만으로도 아름다운 여인

한 여인이 있었다. 나이는 40대였고, 남편과 사별하고 장성한 두 딸과 마드라스의 슬럼가 근처 오두막집에 살고 있었다. 그녀는 시장이나 우체국에 가기 위해 외출을 하곤 했는데, 그녀의 차림새는 늘 완벽했다. 그리 비싼 것은 아닐 테지만 깨끗한 면 사리를 입고 있었다. 그녀의 두 딸 역시 마찬가지였다. 항상 흠 잡을 데 없이 단정했다. 그래서 나는 이 세 여인이 조금은 여유로운 삶을 살고 있다고 짐작했었다.

그러나 차츰 사람들은 세 사람이 절대로 다함께 외출하는 일이 없다는 것을 알게 되었다. 엄마가 외출하면 두 딸은 집에 있고, 딸 한 명이 외출하면 엄마와 다른 딸 한 명이 집에 있었다. 그리고 세 여인이 외출할 때 입는 사리는 항상 똑같았다. 왜냐하면 그녀들에게 다른 사리는 없었기 때문이다. 세 여인이 가진 사리는 단 한 벌뿐이었다. 그래서 외출할 때마다 번갈아 입어야 했던 것이다. 그러면 나머지 두 사람은 외출한 사람이 돌아올 때까지 기다려야 했다.

흔한 이야기 같지 않지만, 사실은 이런 경우가 종종 있다. 남편을 여읜 젊은 여성들의 경우, 아름답고 품위 있는 겉모습 속에 극한 가난을 감추고 사는 경우가 많다. 발치까지 내려오는 긴 사리를 입고 활짝 웃는 아기를 안은 채, 곧고 호리호리한 자세로 가벼운 발걸음을 내딛는 여성들을 보면 가난과 불안정의 깊이를 쉽게 짐작할 수 없다. 하지만 실상은 녹록치 않다. 내가 아는 여성 대부분은 빈곤의 한계선에 못 미치는 생활을 하고 있다. 그저 자신들의 품위로 감출 뿐이다. 인도는 경제적, 사회적으로 급부상하는 나라이지만, 여전히 가난의 짙은 얼룩이 많이 남아 있다. 발전의 크기와 속도와는 달리 무척 가난한 사람도 많은 나라이다.

| 09
마
더
데
레
사

1971년에 터진 방글라데시 독립전쟁 중에 있었던 일이다 (이 전쟁이 끝나고 동파키스탄은 파키스탄에서 분리되어 방글라데시가 되었다.). 나는 당시 콜카타 덤덤 공항 근처에 있는 대규모 캠프인 솔트레이크시티에서 인도 카리타스[26]와 함께 난민 자원봉사자로 일하고 있었다. 솔트레이크시티는 국경과 근접해 있어 삼십만 명이 넘는 난민들이 몰려들고 있었다. 그들은 모두 최극빈층이었고, 모두 혼란에 빠진 상태였다.

> [26] Caritas, 교회적 협동체 사상을 바탕으로 인격적 원조 활동을 목표로 하는 가톨릭 봉사 조직. 자선 사상에만 그치지 않고 민간 복지 활동으로 폭을 넓혀 보건, 교육, 노동 등 넓은 분야에서 연맹 활동을 추진하고 있다.

UN과 콜카타 민간, 군사 기관의 노력으로 캠프 안은 질서가 잡히기 시작했다. 불안정하고 취약하긴 했지만, 난민 삼십만 명 정도는 그럭저럭 수용되었다. 하지만 장마가 들이닥치자 대재앙은 시작되었다. 캠프 전체가 침수되어 물이 발 높이까지 차오른 것이다. 난민들이 거주하던 오두막집과 텐트는 더 이상 사람이 살 수 있는 곳이 못 되었다. 게다가 화장실로 쓰던, 사람 키만한 깊이의 구덩이에 물이 가득 차서 온갖 오물들이 넘쳐났다. 그와 함께 심각한 전염병인 콜레라가 발병했다. 의사들은 이렇게 말할 정도였다. "저기 콜레라가 떠다니네요." 그들의 말처럼 콜레라는 사방으로 퍼졌다. 국제연합난민고등판무관사무소(UNHCR), 국제적십자위원회(ICRC), 시 당국, 캠프에서 일하는 주요 비정부기구(NGO) 등 여러 단체의 장들이 모여 긴급회의를 시작했다. 무엇을 해야 할지, 콜레라를 어떻게 막을지, 캠프를 사람이 살 만한 곳으로 다시 되살릴 수 있을지, 아니면 아예 캠프를 철수해야 하는 것인지, 그렇다면 삼십만 명의 난민들이 이 장마에 어디로 가야 하는 건지 등에 관해 유능한 기관장과 책임자들이 다양한 해결책을 제안했지만, 그 무엇도 만장일치의 동의를 얻지 못했다. 회의를 주재한 사람은 당시 콜카타 광장을 통솔하던 무케르지 장군이었다. 그는 회의실 한 구석에 앉아 있던 자그마한 체구의 마더 데레사를 알아보았고, 그녀를 향해 몸을 돌리며 말했다.

"데레사 수녀님, 수녀님은 아직 한 말씀도 하지 않으셨습니다. 수녀님은 가난한 사람들의 문제가 무엇이고, 또 이런 상황에서 어떻게 해야 하는지 그 누구보다 잘 아실 테니 저희에게 조언을 좀 해 주시지 않으시겠습니까?"

무케르지 장군의 말에 마더 데레사가 자리에서 일어섰다. 회의장에 있던 사람들은 그제야 마더 데레사를 제대로 볼 수 있었다. 그녀는 '상황을 개선할 수 있는' 아주 간단한 몇 가지를 제안하였다. 평상시와 다름없는 담담하고 간결한 말투였지만, 그것으로 충분했다. 모두가 그녀의 조언에 동의했다. "옳은 말씀입니다. 데레사 수녀님. 저는 제 제안을 철회하겠습니다."

과연 그녀의 제안은 무엇이었을까? 그것은 바로, 캠프를 가로 세로 40미터의 정사각형 구역으로 나누고, 그 경계마다 모래로 가득 찬 자루를 쌓는 것이었다. 그리고 각각의 정사각형 구역 안에 커다란 디젤 펌프를 설치해 구역별로 캠프를 건조시키자는 것이었다.

그날 나는 마더 데레사에게서 강한 인상을 받았다. 그녀는 위대한 수도자가 지닌 실리적인 성격을 지니고 있었다. 그리고 온화하고 겸손한 태도로 주위 사람들로부터 만장일치를 이끌어 냈다.

뿐만 아니라 그녀는 단호하게 말하는 법도 알고 있었다. 어느 날 예멘에서 그녀에게 시설 한 곳을 개설해 달라고 요청한 적이 있었다. 그녀는 이를 받아들였고, 단체를 운영할 수녀들과 사제들의 비자를 신청했다. 그런데 수녀들의 비자만 나오고 사제들의 비자는 받지 못했다. 그리고 이런 말만이 돌아왔다. "신부를 위한 비자는 없습니다!" 그녀는 바로 이렇게 반박했다. "신부가 없으면 성찬 전례가 없습니다. 성찬 전례가 없으면 데레사 수녀도 없지요!"

결국 그녀는 비자를 받아 냈다.

조상들의 하느님, 자비의 주님!
당신께서는 만물을 당신의 말씀으로 만드시고
또 인간을 당신의 지혜로 빚으시어
당신께서 창조하신 것들을 통치하게 하시고
세상을 거룩하고 의롭게 관리하며
올바른 영혼으로 판결을 내리도록 하셨습니다.

당신 어좌에 자리를 같이한 지혜를 저에게 주시고
당신의 자녀들 가운데에서 저를 내쫓지 말아 주십시오.

지혜 9,1-4

| 10 국경에서 드린 미사

1981년에서 1982년 사이에 있었던 일이다. 1979년 1월 베트남 사람들이 프놈펜Phnom Penh에 상륙한 이후, 많은 캄보디아 사람들이 조국을 도망쳐 나와 난민이 되던 때였다. 물밀듯이 밀려오는 캄보디아 난민들을 위해 '죽음의 캠프'가 개설되었고, 그로부터 겨우 2년이 흐른 시점이었다. 난민들은 캠프에서조차 도망치고는 했다. 크메르루즈[27]에게는 버림받고, 베트남 군에게는 쫓기고 있었기 때문이다.

당시 나는 파리외방전교회 소속 베네 신부와 함께 캄보디

---

27 Khmer Rouge, 캄보디아의 급진적인 좌익 무장 단체. '붉은 크메르'라는 뜻이다.

아 국경에 있는 카오-이-당Kao-y-Dang에서 일하고 있었다. 그는 오랫동안 캄보디아에서 선교 활동을 해 왔는데, 메콩강을 따라 자리한 여러 본당에서 수년을 보낸 존경받을 만한 인물이었다. 그리고 크메르어를 완벽하게 구사했다. 게다가 그는 캄보디아 난민들의 진심어린 사랑을 받았는데, 난민들에게 '캄보디아인의 아버지'라는 말을 들을 정도였다.

어느 날 그는 국경에 있는 대규모 캠프인 농창Nong Chang 캠프 근처에서 성찬 전례를 한다면서 나를 초대했다. 그곳은 얼마 전 캄보디아 레지스탕스와 베트남 군대 간 유혈 전투가 벌어진 곳이었다. 당시 캄보디아에는 남아 있는 우체국이 없었으므로, 그는 믿을 만한 사람 편에 메콩 강변 근처에 있는 오래된 그리스도 공동체들 앞으로 편지를 보냈다. 캄보디아에 남아 있는 신부가 없었기 때문에 그 공동체들은 1975년부터 미사를 드리지 못했다. 신부들은 크메르루즈에 의해 모두 살해당하거나 쫓기고 있었는데, 당시 젊은 캄보디아인 주교도 그런 처지에 놓여 있었다. 베네 신부는 이런 상황에도 불구하고 성찬 전례를 함께 모시기 위해 그리스도 공동체를 베트남 국경까지 초대한 것이다. 이 '편지'는 참모의 통신문처럼 명료했다. '몇 월 몇 일 농창 캠프 부근으로 오세요. 나는 오후 4시

30분에 국경 없는 의사회(MSF) 병원 근처에 있는 큰 나무 옆에 있겠습니다. 준비는 다 되었습니다. 오세요. 두려워하지 마세요. 선하신 하느님이 여러분을 보호하시기를!'

베네 신부와 나는 국경을 상징하는 가시철조망에서 몇 미터 떨어진 큰 나무 옆에 있었다. 오후 4시 30분이었다. 우리 앞에는 이전 전투들로 황폐해진 폭 400미터에서 500미터 가량의 공터가 있었고, 그 뒤로 깊고 신비롭고 울창한 캄보디아 숲이 펼쳐져 있었다. 우리의 시선은 숲을 향하고 있었다.

기다린 지 그리 오래되지 않았을 무렵 소달구지 두 대가 숲을 빠져 나오는 것이 보였다. 그리고 곧바로 그 뒤를 이어 소달구지 세 대가 숲을 빠져 나왔다. 달구지를 끄는 소들은 하얗고 몸집이 컸다. 그리고 등에 혹이 난 것이 타밀나두주의 소와 비슷했다. 몇 분 만에 그들은 공터를 지나 우리와 합류했다. 그들은 폭격과 지뢰 범벅인 땅을 지나 약 300킬로미터를 온 것이다.

성찬 전례는 대단히 감동적이었다. 함께 흘러나온 캄보디아 노래는 깊이 있으면서도 투박하여 러시아 노래를 떠올리게 했다. 베네 신부는 그들이 먼 곳에 있는 그들의 소공동체와 집으로 돌아가는 길에 만날 수 있는 공동체의 모든 그리스도인에게 성체를 가져다 줄 수 있도록 모든 것을 준비했다. 공동체 사람들은 1975년부터 성찬 전례에 참석할 수 없었던 이들로, 억세지만 굳은 심지를 가진 그리스도인들이었다. 베네 신부는 작은 제병 수천 개를 준비하였고, 비가 올 경우를 대비하여 이를 커다란 양철 상자 안에 넣었다. 밤이 되자 그들은 축성된 제병이 가득 든 달구지를 타고 돌아갔다.

이듬해 나는 프랑스에 가게 되었고, 앙굴렘 대성당에서 강론을 하게 되었다. 나는 강론 중에 내게 깊은 인상을 남긴 국경에서의 성찬 전례 이야기를 했다. 나를 초청해 준 롤 주교도 내 이야기를 함께 들었는데, 강론이 끝나갈 무렵 갑자기 벌떡 일어나더니 내게로 성큼성큼 걸어와 마이크를 잡았다.

"형제 여러분, 이 신부님께서 해 주신 이야기를 잘 들으세요. 가난하지만 위대한 이 그리스도인들은 성찬 전례에 참석하기 위해 폭격 속에서도 왕복 600킬로미터가 넘는 거리를 오갔습니다. 우리가 그들 곁에 있었다면 얼마나 좋았을까요! 우리는 교회가 너무 멀고 미사 시간은 너무 이르다고 불평합니다. 신부님, 만약 신부님께서 그토록 훌륭한 분들을 언젠가 다시 만나게 되신다면, 그분들이 보여 주신 행동에 감사드린다고 전해 주시기 바랍니다!"

나는 안타깝게도 아직 그들을 다시 보지 못했고, 감사 인사도 전해 주지 못했다.

오세요.
두려워하지 마세요.
선하신 하느님이
여러분을 보호하시기를!

쉬어 가는 글 IV

미사 하나가 더 들어갔어요!

　베트남 소공동체와 함께 포탄 속에서 드린 그날의 주일 미사는 조금 힘들었다. 포탄이 떨어질 때마다 대나무로 만들어진 우리 교회는 흔들렸다. 나는 복음 말씀 후 강론을 짧게 마무리하며 신자들에게 다음 주에도 이곳에서 미사를 드릴 수 있을지 확신할 수 없다고 말했다. 이 말을 하는 순간에도 폭격 소리는 끊이지 않았다. 당시 교회 안에는 나에 관한 영상을 찍으러 타이베이 TV팀이 와 있었는데, 미사를 촬영하던 그들도 내 말에 고개를 끄덕였다. 상황이 좋아질 것 같지 않았다.

　결국 3일 후 보잘것없는 우리 제단 위로 포탄 하나가 떨어졌고, 제단은 순식간에 잔해 더미로 변해 버렸다. 그다음 주

주일, 나는 낡은 내 자동차 토요타를 타고 오가기조차 힘들어진 숲속 오솔길을 지나 교회로 왔다. 멀쩡한 것이 남아 있는지 살펴보았지만 그럴 만한 것은 남아 있지 않았다.

어쩔 수 없이 우리는 밖에서 미사를 드리기로 했다. 포탄이 터져 숲속 작은 빈터 한 군데가 넓어져 있었는데, 부지런하고 기운 센 베트남 청년들이 그곳을 청소하고 거적을 한두 장 펼쳐 제단을 만들었다. 제단이 파괴된 사실을 몰랐던 타이베이 TV팀은 우리가 미사 드리는 장면을 한 번 더 카메라에 담았다. 이번 미사는 땅바닥에서 드리는 미사였다. 타이베이 TV팀은 그들에게 촬영을 의뢰한 미국의 대형 방송사에 다큐멘터리 촬영본을 전달해 좋은 반응을 얻었다. 하지만 30여 분의 촬영본에 미사가 두 번이나 들어가 있으니, 방송사에서는 미국 시청자들이 보기에 미사가 너무 많은 분량을 차지한다고 생각해 둘 중 하나를 삭제해 달라고 요청했다.

방송사의 요청에 타이베이 TV팀은 이렇게 말했다.

"안 됩니다. 이 촬영본을 있는 그대로 써 주세요. 그렇지 않으면 드릴 수 없습니다. 두 번의 미사. 이것이 이 영상의 하이라이트입니다!"

방송사는 촬영본을 그대로 받아 갔다.

| 11
| 내 친구 존 신부

베드로 성인이 네로의 박해를 피해 로마에서 도망쳐 아피아 가도[28]에 다다랐을 때, 예수님께서 그의 앞에 나타나셨다. 그리고 이렇게 말씀하셨다. "어디 가느냐?(쿠오 바디스Quo vadis?)" 베드로는 예수님의 이 한마디에 로마로 되돌아왔고 십자가형에 처해졌다.

쿠오 바디스. 나의 오랜 친구 존이 좋아하는 문장이었다. 존은 주님께 역으로 이렇게 질문하곤 했다. "주님, 제가 어디로 가기를 바라십니까?" 그는 살아가는 내내 주님을 따랐고 그렇

---

[28] Via Appia, 고대 로마의 가장 중요한 도로

게 라사[29]에까지 이르게 되었다.

내가 존을 처음 만난 건 방콕에서 몇 백 킬로미터가 떨어진 파나 니콤에서였다. 파나 니콤은 동남아시아 난민들의 중간 캠프였다. 우리의 깊은 우정은 그곳에서 시작되었다. 우리에게 난민 봉사를 하러 오라고 요청한 사람은 아뤼프 신부였다. 아마도 아뤼프 신부의 요청에 응하여 태국에서 난민 봉사를 시작한 사람들은 우리 둘과 다른 인도인 둘, 이렇게 네 명이 처음이었을 것이다. 훗날 자원봉사자로만 구성된 예수회 난민 봉사단이 공식 창립되긴 했지만 우리가 이미 태국에 도착한 이후의 일이었기 때문이다. UN 규정상 우리가 캠프에서 거주하는 것은 허용되지 않았다. 그래서 캠프에서 멀지 않은 누추한 작은 방에 머무르게 되었다. 그 방은 캠프보다 환경이 더 열악했다. 방 근처에 돼지우리가 있어서 방 안까지 돼지 냄새가 진동했고 꿀꿀거리는 소리가 생생하게 들렸다. 어느 날 저녁, 캠프의 쓰레기통을 비우는 일을 마치고 돌아왔는데 보잘것없는 우리 방에서 반쯤 졸음이 섞인 존의 나직한 목소리가 들렸다. "내 인생에서 이렇게 행복했던 적은 없었어!" 내가

---

[29] Lhassa, 티베트의 수도

기억하기로는 이 말이 내가 그에게서 들은 첫 번째 말이었다.

존은 넓은 어깨, 파란 눈, 스포츠형 헤어스타일을 가진 멋진 미국인이었다. 그는 늘 모두를 환영하는 미소를 지으며 상대방의 손을 아플 정도로 힘차게 쥐고 악수를 하는 키 크고 활력 넘치는 남자였다. 특히 황금 같은 마음을 지닌 사람이었다. 그를 아는 사람이라면 모두 그를 좋아할 수밖에 없을 것이다.

우리도 처음 만났을 때에는 친형제마냥 사소한 일을 두고 자주 다투었다. 그러나 시간이 갈수록 우리의 우정은 점점 돈독해졌고, 나중에는 서로 떨어져 지내는 것은 상상이 안 될 정도로 친밀해졌다. 난민 봉사가 다 끝나고 우리와 함께 일했던 멋진 인도인 팀이 고국으로 돌아갔을 때에도 우리는 그곳을 떠나지 않고 남기로 했다. 왜냐하면 방콕 동쪽으로 삼백 킬로미터 떨어진 국경에 대규모 캠프들이 있었는데, 그곳에서 일하고 싶다는 소망을 갖고 있었기 때문이다. 이를 위해서는 예수회 총원장 신부인 아뤼프 신부만이 부여할 수 있는 특별 허가를 받아야 했다. 존과 나는 로마로 가서 아뤼프 신부에게 우리가 얼마나 진귀한 경험을 했는지 이야기하고, 믿기 힘들 만큼 궁핍하고 열악한 상황에 놓인 난민들이 물밀듯이 몰려오는 국경을 향해 무기한 떠나고 싶다는 큰 소망을 밝히고 싶었다.

돌이켜보면 결국 무기한이라는 기간은 13년이 되어 있었다!

아뤼프 신부는 로마에 온 우리를 크게 환대해 주었고, 두 시간이 넘는 귀한 시간을 내주었다. 우리는 그 시간 동안 아뤼프 신부에게 존과 내가 오래 전부터 준비해 온 '국경의 대학교'에 대해 설명했다. '국경의 대학교'는 조금은 허황되고 원대한 꿈이긴 하지만 충분히 이룰 수 있을 거라고 확신했다. 캠프에 밀집된 난민 수십만 명 중 절반 이상이 스무 살에 불과했다. 우리는 청년 교육이 그 무엇보다 중요하다고 느꼈고, 난민 캠프에도 상당히 중요한 문제라고 생각했다. 대략의 준비는 다 되었다. 우리를 후원해 줄 대학교인 소르본과 옥스포드, 그리고 두 명의 후원자도 미리 계획해 두었다. 후원자들은 바로 모나코의 그레이스 공주와 영국의 필립 왕자였다. 그리고 내가 맡은 임무 중 하나가 이 두 명의 왕족을 만나는 일이었다.

아뤼프 신부는 우리의 이야기를 느긋하고 친절하게 들어주었다. 그리고는 사람 좋은 미소를 지으며 말했다.

"모든 계획이 정말 좋군. 그런데 말이야. 내 생각에는 초등학교부터 시작하는 게 더 좋지 않을까 싶은데."

우리가 로마에서 돌아오자마자 한 일은 캠프에 초등학교를 만드는 것이었다. 그렇다고 해서 처음에 세웠던 계획이 무산된 것은 아니었다. 우리는 매해 분야별로 조금씩 실행해 나갔다. 많은 사랑과 응원을 받으며 힘을 얻는 큰 꿈은 이런저런 방법으로 항상 이루어지기 마련이다.

UN은 우리에게 대규모 캠프인 사이트투[30]에서 교육을 담당해 보라는 중책을 맡겼다. 사이트투 캠프에서는 이미 프랑스 소규모 단체 SIPAR[31]가 초등학교들을 훌륭하게 운영 중이었는데, 우리는 그 옆에 중·고등학교 5개교, 기술학교, 미술 등을 가르치는 각종 교육원, 로스쿨, 법관 양성 기관 등을 세웠다. 그중 대학 수준에 가장 근접한 것은 MBA 교육원이었다. 이곳을 졸업한 학생들은 저명한 미국 필라델피아 대학교에서도 학점을 인정받을 수 있었다. 이렇듯 비로소 '국경의 대학교'가 제 모습을 갖춰 나가기 시작했다. 여기서 꼭 짚고 넘어가야 할 것은 우리 곁엔 각기 다른 16개 나라에서 온 40여 명의 자원봉사자 팀이 있었다는 것이다. 우리는 그들을 '위대한 팀'이라고 불렀다. 캄보디아 수녀, 스페인 신부, 벨기에 신부, 오스트리아 공주 등이 그 위대한 팀의 멤버였다.

크메르인들은 존을 많이 사랑했고 그의 대담함을 높이 샀

---

[30] Site II, 태국-캄보디아 국경 최대 난민 캠프
[31] 1982년 창설된 프랑스 비정부기구

다. 폭격이 쏟아지던 와중에도 아무 일 없다는 듯 산책을 하던 그의 모습이 떠오른다. 나는 그와 함께 있을 때면 왠지 안전하다는 느낌을 받았다. 만약 내게 무슨 일이 생기더라도 그가 나를 구해 줄 것을 알았기 때문이다.

존은 모든 것을 늘 중요하게 여겼다. 그에게 사소한 것은 하나도 없었다. 그는 난민 캠프에서 알게 되고 도움을 주었던 크메르인 12명을 만나기 위해 파리로 가서 그들을 에펠탑에 데리고 갔다. 또한 그들을 위해 바토무슈[32]를 빌릴 생각까지 했었다고 내게 말하기도 했다. 그는 난민 친구들을 위해서라면 뭐든지 최선의 것을 해 주려고 했다. 이 정도면 충분하다는 식의 생각은 결코 하지 않았다.

1993년 사이트투 캠프가 문을 닫았을 때, 마지막 남은 4천에서 5천 명의 크메르 난민을 태우기 위해 약 백 대의 고속버스와 트럭이 캠프 앞에 도착했다. 크메르 난민들을 캄보디아에 있는 집으로 데려다 주기 위한 것이긴 했지만, 전쟁은 여전히 계속되고 있었다. 존과 나는 그곳에 남아서 떠나는 난민들을 마지막까지 배웅했다. 난민들의 눈에는 모두 눈물이 맺혀

---

[32] bateau-mouche, 프랑스 센강 유람선

있었다. 우리도 마찬가지였다.

아시아 남서부 캠프가 폐쇄된 후, 우리는 사라예보[33]로 배치해 달라고 요청했지만, 승인되지 않았다. 독일어를 할 줄 몰라서였다. 언어가 반드시 중요한 것은 아닌데 말이다.

존은 인도로 돌아가서 시킴Sikkim주의 칼림퐁Kalimpong 근처에서 선교 활동을 훌륭히 해냈고, 나는 몇 달간 아프리카 캠프로 떠나 있었다.

그 이후, 우리는 세 번밖에 보지 못했다.

첫 번째 만남은 콜카타 공항에서였는데, 오래 같이 있지는 못했다. 나는 회의에 참석하기 위해 프놈펜으로 떠나는 길이었고, 존이 다르질링[34]에서부터 나를 보러 와 주었다.

두 번째 만남은 프랑스에서였다. 파리에서 200킬로미터 정도 떨어진 곳에서 존의 조카 존 빙햄 주니어의 결혼식이 있었기 때문이다. 존 빙햄 주니어는 존이 매우 가깝게 느끼는 조카로, 국경에서 오랫동안 우리와 함께 일했었다. 존 빙햄 주니어는 캠프에서 사랑하는 여인 아녜스를 만났다. 결혼식은 매우 아름답고 감동적이었다. 아름다운 크메르 전통 춤, 존 신부의

---

33 Sarajevo, 보스니아-헤르체고비나의 수도

34 Darjeeling, 인도 북동부 서벵골 주의 휴양 도시

재치 넘치는 강론 등 추억거리가 참 많았다. 존 신부는 조카 부부의 결혼을 축복하며 행복해했다.

마지막 만남은 라사에서였다. 부활절 무렵이었는데, 존은 언제나 그렇듯 '쿠오 바디스?'를 가슴에 품고 티베트로 떠나 작은 책방과 카펫 가게를 열었다. 교회도 신부도 없던 도시에서 예수 그리스도가 성체 안에 실재하신다는 것을 보여 주기 위한 시도였다. 그곳에서 존은 미스터 존 빙햄, 혹은 카펫 딜러로 불렸다. '세계의 지붕'[35] 위에 예수 그리스도의 실재적 현존을 확실히 보여 주고자 '카펫 상인'이라는 명칭을 아무렇지 않은 듯 달고 있는 키다리 사내를 다시 만나니 감동이 밀려왔다. 그랬다. 존은 바로 그런 사람이었다.

티베트에서 우리가 마지막으로 함께한 것은 성찬 전례였다. 나는 존의 친구와 함께 카트만두에서 출발해 히말라야 산맥, 그중에서도 에베레스트 위를 비행하며 장관을 만끽한 뒤 성 토요일에 미사를 드리는 장소에 도착했다. 존은 나를 위해 라사 구도심에 작고 허름한 숙소를 마련해 주었다. 존은 나를 호텔 앞까지 데려다 주면서 이렇게 말했다.

---

[35] 파미르 고원, 중앙아시아 혹은 티베트를 일컬음.

"몸 잘 챙겨. 여기 정말 추워. 잘 때도 장화를 신는다니까."

'장화를 신고 자다(go to bed with the boots on).'라는 표현은 전장에서 전사한 군인, 그러니까 군화를 신은 채 서서 전사한 군인에게 붙이는 멋진 미국식 표현이다.

그는 우리가 파스카 음식을 먹을 수 있도록 포탈라 궁[36] 맞은편의 또 다른 작은 호텔에 방 하나를 더 예약해 놓았다. 그날의 부활절 주일은 특별했다. 화려한 포탈라 궁과 만년설 앞에서 이 거대한 나라와 유서 깊은 민족에게 주는 성찬 전례……. 그야말로 '세상 위에서 드리는 미사'였다!

이제 곧 있으면 존이 우리를 떠난 지도 벌써 이 년이 다 되어 간다. 그는 프랑크푸르트에서 티베트인을 위해 일하다 라사로 돌아올 채비를 하던 중 색전증[37]으로 쓰러졌다. 전장 위 군인처럼 '장화를 신은 채' 죽었다.

"쿠오 바디스, 존?"
"당신에게, 주님을 향해 갑니다."

---

[36] Potala Palace, 중국 시짱 자치구의 성도인 라사에 있는 달라이라마의 궁
[37] 혈관 내에서 생기거나 혈관 밖에서 유입된 부유물이 가느다란 혈관에 걸려 혈관내강을 폐색시키는 현상

오, 유일한 시간의 주인,

예수님. 당신은 우리를 이끕니다.

우리는 당신의 길을 따라갑니다.

우리는 당신의 얼굴을 찾습니다.

이방인들, 순례자들은

항상 떠날 준비가 되었습니다.

우리의 시선을

낮과 시간으로 돌립니다.

우리는 당신의 걸음 위를 걷습니다.

당신은 우리 조상에게 오셨습니다.

신앙의 불 속에서

우리는 보이지 않는 분이 오시기를 기다립니다.

성무일도 찬미가 (주님 부활 대축일, 구시경)

12 절망의 끝에 선 여인

봄베이와 콜카타의 대규모 슬럼가에는 빈곤과 불안이 깊숙하게 자리하고 있다. 그러나 처음 태국 난민 캠프에서 지낸 며칠 동안, 나는 그보다 더 심한 불안을 목격하게 되었다. 집, 가족, 그리고 나라까지. 자신의 존엄성을 제외한 모든 것을 잃어버린 난민들의 불안과 절망감을 똑똑히 지켜보게 되었다.

방콕에서 백 킬로미터 떨어진 곳에 있는 파나 니콤 캠프는 중간 캠프였다. 여러 나라 대사관에서 이미 선별한 난민들이 몰려 있었다. 그들은 '제3국'으로 출발하기 전 여권과 여행 서류를 준비하고 건강 검진을 받기 위한 마지막 단계에 놓여 있었다.

어느 날 오전, 크메르루즈 캠프에서 남편을 여읜 한 캄보디아 여성이 미국 대사관으로부터 최종 심사를 받으러 오라는 연락을 받았다. 인터뷰를 진행한 젊은 미국 남성은 컴퓨터 앞에 앉아서 그녀에게 일반적인 질문을 던졌다. 이름, 생년월일, 나이, (사망한) 남편 이름 등. 답변을 들을 때마다 답변이 정확한지 확인하기 위해 매번 컴퓨터를 보며 비교했다. 그리고 이어서 다섯 번째 질문을 했다.

"자녀는 몇 명이죠?"

"네 명이요."

"네 명이라고요? 왜 거짓말을 하죠? 두 명밖에 없잖아요. 당신 거짓말쟁이군!"

가엾은 여인은 통역사를 통해 설명하려고 애썼다.

"네, 맞아요. 제 친자식은 두 명이에요. 그런데 크메르루즈 캠프에서 도망치고 큰 숲을 지나오다가 길 잃은 어린아이 두 명이 나무 옆에서 나뭇잎을 먹고 있는 것을 보았어요. 그래서 제 아이들과 함께 그 아이들도 데리고 왔어요."

그녀는 강한 어조로 말했다.

"이 아이들도 제 아이들이에요! 네 명 다 제 아이들입니다!"

미국 대사관 직원은 흥분을 가라앉히며 말했다.

"오케이, 오케이. 알았어요. 어쨌든 당신은 내일 떠날 수 없어요. 당신이랑 당신 아이 두 명까지 해서 세 자리만 배정해 놓았거든요. 지금은 모두 다섯 명이니 좀 더 두고 봅시다! 자, 다음!"

난민들은 '좀 더 두고 봅시다.'라는 말이 무엇을 뜻하는지 잘 알았다. 무기한 연기. 그냥 다 끝난 것이다.

가엾은 여인은 오두막집으로 돌아와 거적 위에 누운 뒤 커다란 가위를 들고 자신의 혀를 잘랐다. 연락을 받은 존 신부와 나는 부리나케 달려와 이 젊은 여성을 캠프 병원으로 데리고 갔지만, 그녀는 과다 출혈로 두 시간 후 사망하고 말았다.

이 절망적인 행동은 무엇을 의미하는 것일까? 그녀는 거짓말을 한 자신을 벌주고 싶었던 것일까? 아니면 캄보디아 여인으로서의 자신의 존엄성에 타격을 입었던 것일까? 그것도 아니라면 거부당했다는 단순한 절망감에서 비롯된 행동이었을까? '거부당하다'라는 단어는 난민 캠프에서 흔히 들을 수 있는 단어였다. 그러나 우리는 이 말의 절박함을 미처 알지 못했다.

그날 존과 내가 깨닫게 된 것이 하나 있다. 다른 문화권에 있는 사람들은 말의 의미를 제대로 이해하지 못할 수도 있으므로, 무심코 던진 말 한마디로도 쉽게 큰 상처를 입을 수 있다는 것이었다.

그녀는 미국 대사관 직원에게 거짓말쟁이라고 모욕을 당했다. 미국 대사관 직원이 특별히 모진 사람이었다거나 그녀에게 일부러 상처를 주려는 의도는 없었다. 단지 너무 거칠었고 서둘렀다. 이런 경우는 다른 대사관에서도 종종 볼 수 있다. 이미 상처 입은 사람들에게 다가갈 때는 그들을 더없이 존중하며 따뜻하게 대하는 것이 정말로 중요하다. 이는 다른 사람을 대하는 모든 경우에도 마찬가지일 것이다. 우리는 정도만 다를 뿐 모두 상처 입은 사람들이니까.

내가 좋아하는 단식은 이런 것이 아니겠느냐?

불의한 결박을 풀어 주고 멍에 줄을 끌러 주는 것,

억압받는 이들을 자유롭게 내보내고 모든 멍에를 부수어 버리는 것이다.

네 양식을 굶주린 이와 함께 나누고 가련하게 떠도는 이들을 네 집에 맞아들이는 것,

헐벗은 사람을 보면 덮어 주고 네 혈육을 피하여 숨지 않는 것이 아니겠느냐?

그리하면 너의 빛이 새벽빛처럼 터져 나오고 너의 상처가 곧바로 아물리라.

너의 의로움이 네 앞에 서서 가고 주님의 영광이 네 뒤를 지켜 주리라.

이사 58,6-8

쉬어 가는 글 v

작은 검정 수첩

어느 날 한 미국 상원의원의 초대로 미 국회의사당을 방문한 적이 있다. 당시 그는 자신의 이름을 딴 난민 법안의 입법화를 추진한 정치인으로 잘 알려져 있었다. 나이는 50대이거나 조금 더 많았을 수도 있는데, 대단히 인상적인 사람이었다.

그는 환하고 커다란 방이 두세 개 있는 스위트룸을 사무실로 쓰고 있었다. 나는 그와 대화 도중 우연찮게 내가 좋아하는 마하트마 간디의 문장을 말하게 되었다. 그러자 그가 바로 되물었다.

"신부님, 간디의 그 문장을 한 번 더 말씀해 주시겠습니까?"

그의 요청에 나는 간디의 문장을 되풀이해서 말해 주었다.

그러자 그가 양해를 구하듯 다급하게 말했다.

"신부님, 잠깐만 기다려 주세요."

그리고는 자리에서 일어나 옆방으로 갔다. 옆방으로 통하는 큰 문이 활짝 열려 있었기 때문에 그의 행동을 눈으로 쫓을 수 있었다. 그는 구석에 걸어 놓은 외투에서 검정색 수첩을 꺼내서 돌아왔다.

"신부님, 이건 제가 열한 살 때 어머니께서 주신 요한 복음 소책자입니다. 아마 첫영성체 기념으로 주셨을 겁니다. 그런데 이 수첩 뒷부분을 보면 빈 페이지가 몇 장 있어요. 그래서 제가 깊은 인상을 받은 문장들을 만나게 될 때마다 여기에 적어 두곤 합니다."

그는 미소를 지으며 덧붙였다.

"보시다시피 세월이 많이 흘렀고, 수첩도 조그맣긴 합니다만, 아직 문장을 적어 넣을 자린 남아 있습니다. 지금 말씀해 주신 간디의 문장을 여기에 적어 주실 수 있을까요?"

"그럼요. 물론이지요."

나는 간디가 말한 문장을 영문 그대로 열심히 적어 주었다.

'모든 것은 어렵지만 해낼 수 있다(Everything is difficult, but it can be done!).'

　바로 들었을 때에는 일상적인 단어들을 사용한 그저 평범하고 대수롭지 않은 문장처럼 보이지만, 사실 마하트마 간디의 힘은 바로 이 문장에 있었다. 영국 세력에 대항해 인도의 독립을 이루어 내는 것, 그리고 불가촉천민제에 대항하여 투쟁하는 것은 어려운 일이었으나 그는 해냈기 때문이다. 어려워도 해낼 수 있다는 간디의 한마디는 희망에 전율하게 만드는 강한 문장이며, 간디가 남긴 수많은 문장과 마찬가지로 짧은 단어만으로도 결코 잊히지 않는 문장이다. 언젠가 미국인 기자가 간디에게 당신의 메시지는 무엇이냐고 묻자 간디는 이렇게 대답했다.

"내 메시지는 내 삶이며, 내 삶이 내 메시지입니다."

나는 그 작고 검은 수첩에 간디의 문장을 적은 다음 그 앞에 써 놓은 다른 문장도 보았다. 마더 데레사의 문장이 보였다. 역시 매우 짧은 문장이었는데, 사랑에 대한 말이었다. 그의 검은 수첩 안에는 사랑과 희망을 부르짖는 위대한 이들이 단 두 줄의 문장으로 살아 숨 쉬고 있었다. 이들은 모두 인도에서 온 사람들이었다.

13

죽음보다 강한 사랑

  이 세상에는 다른 사람을 위해 자신의 삶을 헌신할 준비가 되어 있는 이들이 있다. 연로한 세대 중에는 전쟁에서의 암울했던 시간마저 사랑의 섬광으로 환히 빛나던 시절로 기억하는 이들도 있다.

  내게는 베르코르Vercors 고원에서 사랑하는 이들을 위해 삶을 헌신한 친구들이 있다. 그들은 마치 제2차 세계대전 중 베르코르 고원에서 부상자를 돌보았던 몽쉐이 신부를 닮아 있었다. 그래서인지 나는 지난번 프랑스에 갔을 때 베르코르 고원에 올라가 보고 싶었다. 또한 제1차 세계대전 중 아버지가 머물렀던 비현실적인 참호가 있는 베르됭Verdun까지도 가 보고 싶었다. 두오몽Douaumont 고원[38]이나 베르코르 고원에 올라가 보는 것만으로도 죽음보다 강한 사랑의 힘을 충분히 느낄 수 있다.

1940년대 궁지에 몰린 유태인이나 하늘에서 낙하산을 타고 내려온 레지스탕스를 구하기 위해 얼마나 많은 사람들이 목숨을 걸었던가. 이들 중에는 신을 믿는 사람들도 있었고 믿지 않는 사람들도 있었다. 그들은 지극히 평범한 사람들이었다. 그들 대부분은 자신의 행동을 영웅적이라고 의식하지 않았다. 그들에게는 그저 죽음보다 강한 사랑이 있었던 것이다.

태양의 나라이자 아름다움의 나라이면서도 배고픔과 죽음이 만연한 나라인 이곳 인도에서도 나는 매일 같은 것을 본다. 인도의 대도시 마드라스는 급격히 발전하고 있지만 빈민가도 더 늘어나고 있다. 이곳에 사는 수많은 가난한 여성들은 '죽음보다 강한 사랑'을 자신도 모르게 매일 실천하며 살고 있다. 가난하고 비쩍 말랐지만 여전히 너무나 아름다운 여성들이 몸이 아픈 자신의 아기에게 먹일 우유를 사기 위해 혈액은행을

---

[38] 베르됭 시내 중심가에서 북동쪽으로 약간 떨어져 있다. 베르됭으로 일컬어지는 두오몽과 그 주변 지역은 제1차 세계대전 때 프랑스 연합군과 독일군 사이의 주요 전투지였다.

전전하며 자신의 피를 팔러 다닌다. 바닥난 우유를 조금이라도 채우기 위해 조금밖에 남지 않았을 수도 있는 자신의 피를 파는 것이다.

사랑, 그것은 바로 우리의 삶을 이루는 요소이자 우리 모두가 추구하는 것이다. 우리는 모두 사랑하기 위해 만들어진 존재이기 때문이다. 오직 사랑만이 우리 삶을 변화시키고 빛나게 할 수 있다.

나는 얼마 전 젊은 프랑스 여성에게서 아름다운 편지 한 통을 받았다. 그녀는 비정부기구 소속 자원봉사자였는데, 도움이 필요한 아이들을 돕기 위해 인도에 오기도 했었다. 그녀의 편지에는 그녀가 인도에서 했던 놀라운 일들이 쓰여 있었다. 편지 내용 중 나를 놀라게 한 부분은 마지막 몇 줄이었다. 그 내용은 이러했다.

"인도에서 많은 일을 했지만, 저는 제가 찾고자 했던 것을 결국 찾지 못했습니다. 실패감을 안고 인도를 떠나고 싶지 않았습니다."

실패라니. 얼마나 가혹한 단어인가! 그래서 나는 그녀에게 우리 아이들이 살고 있는 마드라스 남쪽 마을에 며칠 지내러 오는 게 어떻겠냐고 권했다. 그녀는 아이들과 한두 주 정도를

"그곳에서 저는 사랑을 발견했어요."

지내고는 행복한 모습으로 내게 들러 이렇게 외쳤다.

"제가 찾던 것을 발견했어요!"

아마도 그녀 또래의 젊은 여성의 입에서 이처럼 확신에 찬 말이 나오기는 어려울 것 같다. 그녀는 이렇게 덧붙였다.

"그곳에서 저는 사랑을 발견했어요."

그녀가 찾았고 우리 모두가 찾는 것, 그것은 바로 우리 삶을 변화시키고 죽음마저 이기는 사랑이다.

쉬어 가는 글 VI

세 가지 장례식

 1969년 안나두라이[39]가 마드라스에서 숨을 거뒀다. 가난한 집안 출신인 그는 탁월한 연설가이자 위대한 작가로 타밀 사람들에게 인기가 많았다. 그는 언제나 대단히 정중한 태도로 나를 맞아 주었다.
 그의 장례식은 마치 개선식을 연상시켰고, 세계에서 가장 큰 규모의 장례식으로 기네스북에 기록되었다. 타밀나두주 전역에서 기차, 버스, 트럭, 소달구지, 자전거 등을 타고 오거나 걸어서 온 삼백만 명의 사람들이 그의 장례식장으로 몰려들었

---

39 C.N. Anna Dorai, 1909~1969, 타밀나두주의 국무총리

다. 큰 횡단대로인 마운트 로드Mount Road를 비롯한 마드라스의 거리는 사람들의 물결로 강을 이루었다. 오늘날 마운트 로드는 그의 이름을 따서 안나살라이Anna Salai, 즉 '안나의 길'이라고 불린다.

나는 평소 알고 지내던 경찰 공무원들 덕분에 그의 무덤에까지 갈 수 있었다. 그의 무덤에는 이미 경로 수녀회[40] 수녀 네 명이 와서 기도를 드리고 있었다. 아마도 안나두라이 총리로부터 도움을 받은 적이 있었던 수녀들이었을 것이다.

안나두라이는 생전에 '우리는 가난한 사람들의 미소 속에서 신을 본다(Yéleiyin Siripil Ireivennei cambômme).'라는 타밀 문장을 즐겨 썼다. 덕분에 이 멋진 문장이 많은 사람들에게 알려졌다. 나 역시 이 문장을 강론에서 자주 인용하곤 한다. 이 문장을 만들어 준 그에게 이 글을 통해서나마 감사와 경의를 표하고 싶다.

안나두라이의 큰 규모의 장례식과 대조적인 아주 작은 장례식에 대해서도 이야기를 해 볼까 한다. 어쩌면 내가 정말 이

---

[40] Little Sisters of the Poor, 1839년 프랑스에서 창설한 양로 사업을 전문으로 하는 수도회

야기하고 싶은 장례식은 지금부터 말하려는 이 작은 장례식이었을지도 모른다. 세상 어디에서도 본 적 없는, 가장 작은 장례식이었다. 장례식에 모인 사람은 단 세 명이었다. 살아 있는 사람 두 명, 죽은 사람 한 명.

마드라스의 로욜라 대학으로 이어지는 크고 아름답고 그늘진 길, 당시 아이러니하게도 스털링 로드[41]라고 불리던 곳에서 있었던 일이다.

키가 큰 삼십 대의 젊은 남성이 죽은 아기의 시체를 가슴에 꼭 안고 있었다. 마치 하느님께 바치는 봉헌물을 안고 있는 것처럼 보였다. 그는 값비싼 작은 관은 물론이거니와 종이나 나무로 된 상자조차 살 수 없을 만큼 가난했을 것이다. 그의 가난은 아기의 시체를 뉘이고 옮길 만한 삼륜차 하나 부르지 못할 만큼 극심했을 것이다. 그의 뒤에는 젊은 엄마가 꽃 한 송이를 들고 유일한 장례 행렬을 이루며 따라 걷고 있었다. 거리에 있던 모든 사람은 조용히 걸음을 멈췄다. 보쉬에[42]의 말처럼, 가난한 사람들이 얼마나 높은 존엄성을 지녔는지를 인상

---

41 Sterling Road. 스털링은 미국 일리노이주 화이트사이트 카운티에 있는 도시이다.

42 자크 베니뉴 보쉬에Jacques-Bénigne Bossuet, 1627~1704, 17세기 프랑스의 신학자, 설교가, 역사가

적으로 보여 주는 장면이었다. 보쉬에는 1659년 '가난한 이들이 교회 안에서 지닌 각별한 존엄성에 대한 설교'에서 이렇게 말했다. "세상에서는 부유한 사람들이 모든 기득권을 가지고 첫 번째 열에 서 있지만, 예수 그리스도의 왕국에서는 가난한 사람들이 우위에 있다. 가난한 사람들은 교회에서 가장 먼저 태어난 사람들이며 교회의 진정한 자녀들이다."

나에게 가장 큰 슬픔으로 남아 있는 장례식은 캄보디아에서 있었던 장례식으로, 열 명의 젊은 캄보디아 여성의 합동 장례식이었다. 장례식이라기보다는 오히려 화장식에 더 가까웠다. 열 명의 캄보디아 여성은 집을 도망쳐 나와 국경을 건너자마자 지뢰를 밟고 말았다. 당시 나와 존 신부가 일하던 캠프에서 멀지 않은 곳이었다. 우리가 그곳에 도착했을 때, 아홉 명은 이미 죽어 있었고, 남은 한 명은 살아 있었으나 총검으로 부상을 입은 것만큼이나 크게 다쳤다. 우리는 그녀를 국경에 있는 작은 보건소로 옮겼지만, 몇 시간 후 그녀마저 죽고 말았다. 그녀는 다섯 명의 자녀를 둔 엄마였다.

모두가 한 가정의 어머니였던 열 명의 여성. 화장식은 캠프 내 캄보디아 당국의 결정에 따라 다음 날 오전 8시로 정해졌다. 나와 존 신부는 그곳에서 80킬로미터 떨어진 국경 부근의 작은 마을에 살고 있었는데, 우리가 화장식에 참석할 수 있도록 시간을 준 배려였다. 우리는 우리가 도착하기 전까지는 장작에 불을 붙이지 말아 달라고 부탁해 놓았다.

다음 날 우리는 정확히 오전 8시에 그곳에 있었다. 국경과 밀접한 캄보디아 숲속의 넓은 공터에 높이가 3~4미터 정도 되는 커다란 장작 열 개가 마련되어 있었다. 각각의 장작에는 나무 몸통과 함께 일전에 폭격을 맞아 동강난 커다란 나뭇가지들이 함께 쌓여 있었다. 그리고 각각의 장작 위에 시체 한 구씩을 올려놓았다. 그 주변으로는 망자亡者의 아이들과 친척들이 둘러 서 있었다. 신호가 떨어지자 각 가정의 사내 아이 중 가장 나이가 많은 아이가 엄마의 시체가 놓여 있는 장작에 불을 붙였다. 인상적인 장면이었다. 나와 존 신부는 불꽃이 타올라가는 모습과 잉걸불이 붉어지며 재로 변해가는 모습을 보기 위해 망자의 아이들, 가족들과 함께 오랫동안 그 자리에 있었다. 우리는 아무것도 하지 않았다. 그저 그들과 함께 있었다.

그날 이후 우리는 열 명의 캄보디아 여성이 남기고 간 어린 고아들을 보살폈다. 모두 50명이었다.

14

그분의 이름으로 모든 죄를 용서합니다

파스카 축제가 시작되기 전, 예수님께서는 이 세상에서 아버지께로 건너가실 때가 온 것을 아셨다. 그분께서는 이 세상에서 사랑하신 당신의 사람들을 끝까지 사랑하셨다.

요한 13,1

파스카 축제날이자 예수님이 제자들과 최후의 만찬을 함께 나눈 그날 저녁, 예수님은 제자들 한 명 한 명 앞에 무릎을 꿇고 앉아 그들의 발을 씻겨 주셨다. 제자들 중에는 은화 30닢에 예수님을 배반한 유다도 있었다. 그런 다음 예수님은 제자들 가운데 앉아 파스카 음식을 나누어 드셨고, 야훼가 이집트를 지나 홍해를 건너 그분의 민족 위로 오신 것을 기념하셨다. 그런 다음 예수님도 당신의 아버지가 계신 곳으로 건너가셨다.

예수님이 제자들의 발을 씻겨 주시는 행위는 예수님이 우리의 잘못을 말끔히 씻어 주시는 것을 의미한다. 이 발씻김의 의미는 미사의 '참회 예식'에서 되새길 수 있다. 그리고 최후의 만찬은 놀랍고 위대한 사랑의 신비이며 우리는 성찬 전례로 이를 기린다.

제자들의 발을 씻겨 주시고, 성찬 전례를 만드신 다음, 그날 저녁 예수님은 세 번째로 놀라운 일을 하셨다. 바로 제자들에게 예수님이 하신 일을 할 수 있는 권한을 주신 것이다. "너희는 나를 기억하여 이를 행하여라." 예수님은 자신을 배반하고 버리게 될 가엾은 제자들을 당신과 같은 사제로 만드셨다. 빵을 주님의 몸으로, 포도주를 주님의 피로 바꾸는 놀라운 권한을 제자들에게 주셨다. 예수님은 갈릴래아 길에서 제자들에게 그들이 언젠가 당신처럼 기적을 행하게 될 것이며, 나아가 더 큰 기적도 행할 수 있다고 이미 말씀하신 바 있다. 예수님은 그 약속을 지키신 것이다.

'너희는 나를 기억하여 이를 행하여라.' 이보다 더 큰 기적이 있을까? 성찬 전례는 이 세상을 정화시키고 변화시키는 사랑이 존재한다는 걸 드러낸다. 물질만능주의가 만연한 요즘 성찬 전례의 의미를 되새기는 것은 참으로 중요하다.

부활하시고 며칠 뒤, 예수님은 제자들에게 죄를 용서할 수 있는 신적인 권한을 주셨다.

'그들에게 숨을 불어넣으며 말씀하셨다. "성령을 받아라. 너희가 누구의 죄든지 용서해 주면 그가 용서를 받을 것이고, 그대로 두면 그대로 남아 있을 것이다."'

요한 20, 22-23

예수님은 제자들에게 빵과 포도주를 축성하는 권한에 이어 세상의 죄를 용서하는 권한까지 주신 것이다. 예수 그리스도의 사제가 된다는 것, 세상에 이보다 더 위대한 일이 있을까.

히말라야 눈 속에서 사제 서품식을 준비하던 어느 시절, 나는 그레이엄 그린[43]의 명작 《권력과 영광》[44]을 읽고 깊은 감명

---

43 Graham Greene, 1904~1991, 영국 소설가. 형이상학적 스릴러의 작가로 주요 작품으로 《권력과 영광》, 《공포의 성》, 《제3의 사나이》 등이 있다.

44 《The Power and the Glory》, 1940년에 발표된 그레이엄 그린의 대표작. 무신론적 혁명 정부가 들어선 직후의 멕시코에서 박해를 받는 한 신부의 기묘한 모험과 순교를 그린 소설이다.

을 받았다. 내전으로 분열된 멕시코를 배경으로 펼쳐지는 이 책은, 내전의 혼란 속에서 사제직의 영광과 위엄은 상실해도 빵을 나누고 세상의 죄악을 용서하는 권한은 지켜 냈던 어느 사제의 이야기를 다루고 있다. 나 역시 사제의 이 권한이 얼마나 대단한 것인가를 느낀 적이 있다. 아주 오래 전인 1949년 12월 성탄절 전날 밤, 아직 인도차이나 전쟁이 끝나지 않은 때였다. 나는 인도양을 건너는 배를 타고 있었는데, 내가 탄 배는 사이공을 향해 출발한 외인부대 군인들로 꽉 차 있었다. 나는 그 배에 타고 있던 유일한 신부였다. 외인부대 사령관이 내게 다가와 부대원들에게 고해성사를 줄 수 있는지 예의를 갖춰 물었다. 그리고 몇몇 부대원들이 전장에 나가기 전에 하느님과 화해를 하고 싶어 할 것 같다고 덧붙였다. 나는 갑판 어딘가에 앉아서 세 시간 가까이 부대원들의 이야기를 들어 주었다. 그들은 용감했지만 비극적인 풍파를 많이 겪은 이들이었다. 그들은 한 명씩 나를 찾아와 무릎을 꿇고 솔직한 이야기를 털어놓았다. 그들의 이야기는 무척 감동적이었다. 그때 당시 아직 어린 신부였던 나는 젊은 사제직이 지닌 모든 열정을 다해 엄숙하고 아름답게 그들의 죄를 대신 사하여 주었다.

"과거에 지은 모든 죄도 용서하여 주시기를 바랍니다. 나는 예수 그리스도의 사제로서 그분의 이름으로 모든 죄를 용서합니다."

고해성사를 마친 부대원들은 일어나 내 손을 꽉 쥐고 감사를 표했다. 그날 밤, 별이 가득한 하늘 아래서 간소한 나무 탁자를 제단 삼아 자정 미사를 집전했다. 오른손은 아팠지만, 마음만은 축제 그 자체였다. 사제가 된 기쁨을 그토록 크게 느껴 본 적은 없었다. 그분의 이름으로 축복하고 축성하며 용서하는 사제의 소명. 내가 예수 그리스도의 사제라는 자리보다 더 고귀한 자리에 부름받을 수는 없다고 생각한다. 주님께서 나를 당신의 동반자, 당신 사랑의 증거자로 불러 주심에 온 마음을 다해 감사드린다.

감사의 말

 이 작은 책은 내가 쓸 수 있는 마지막 책이 될 것이다. 이 책이 내가 내 삶의 길을 걸어오는 동안, 동반자가 되어 주고 큰 버팀목이 되어 주었던 모든 이를 향한 작별의 키스가 되었으면 좋겠다. 내가 그들을 얼마나 사랑하는지, 그들의 사랑과 헌신에 얼마나 감사하는지, 이 책을 통해 모두에게 말하고 싶다. 이 책은 내가 그들 한 명 한 명에게 쓰는 편지이기도 하다. 오래 전 '코레즈'라는 작은 마을에서 시작된 나의 이 길은 머지않아 태양이 작열하는 인도의 드넓은 평원 어딘가에서 끝이 날 것이다.

내가 유년 시절을 보낸 성요셉학교를 떠올려 본다. 나는 헌신하는 삶을 살아가는 사제들을 보고 자라며, 온전히 위대한 삶이란 사랑과 헌신으로 이루어진다는 것을 배웠다. 그들은 내 어린 시절의 꿈이 분명한 형체를 띠게 해 주었고, 내가 프랑스를 떠나 인도로 향하는 한 단계 한 단계 여정마다 나를 이끌어 주었다. 내가 아홉 살 무렵, 학교 수업 시간에 "이 다음에 커서 뭐가 되고 싶어요?"라는 주제로 작문을 한 적이 있었다. 대단히 아름답지만 막연한 주제였다. 막연했기에 우리는 더 자유롭게 꿈꿀 수 있었다. 어른이 되어 작문 과제를 주셨던 선생님을 우연히 다시 만나게 되었는데, 노인이 된 선생님이 불쑥 25년 전에 내가 쓴 작문에 대해 이야기해 주셨다. 나조차도 까맣게 잊고 있었던 내 글의 내용은 이러했다. "나는 물에 빠진 사람을 구하기 위해 노력하고 싶고, 그게 내가 나중에 커서 하고 싶은 일입니다!" 단지 어린아이의 꿈에 불과했지만 지금에 와서 생각해 보면 나는 살면서 이 꿈을 진지하고도 진실되게 실현하고 싶었던 것 같다. 내 어린 시절의 꿈은 오직 하느님만이 계획하시고 주관하시는 일이었음을 말하고 싶다. 나는 어린 시절, 내가 찾던 보석을 발견했고, 그 보석을 얻기 위해 모든 것을 버릴 줄 아는 용기를 배웠다. 많은 세월이 흐른 뒤,

폴암바캄Polambakkam의 나병원 방명록에서 내 마음을 간결하게 표현한 아름다운 산스크리트 문장을 발견했다. '내어 주지 않은 것은 모두 잃어버린 것이다.'

감사의 마음을 전하고 싶은 가족들이 참 많다. 가장 먼저 감사하고 싶은 가족은 부모님과 형제들이다. 하느님의 말씀에 따라 충실히 살아온 우리 가족들. 우리는 늘 한마음으로 뭉쳤고 서로 사랑했다. 우리 가족은 천성적으로 부끄러움이 많다. 그래서인지 나는 부모님에 대한 이야기를 그 누구에게도 제대로 한 적이 없었다. 나를 존재하게 해 주신 가장 고마운 분들인데 말이다. 형제들과 여동생에 대한 이야기도 한 적이 없었다. 우리는 내가 인도로 떠나기 전이면 늘 함께 모여 식사를 하곤 했다.

나의 또 다른 가족인 예수회분들께도 진심으로 감사드린다. 내가 정말 고마워하고 있다는 걸 알아 주셨으면 좋겠다. 예수회 가족들은 이냐시오 데 로욜라와 프란치스코 하비에르의 자랑스러운 표이 '사랑하고 봉사하라'를 가슴에 품고 그리스도를 위해 선교 사목에 나선 분들이다. 진정 위대하고 강하면서도 자유롭게 빛났던 분들이셨다.

  이 두 가족과 더불어 나의 길을 함께 걸어 준 수 천 명의 가족도 빼놓을 수 없다. 그들 또한 나의 가족이다. 마음이 넉넉하고 겸손한 그들의 이름은 오직 '주님에게서 온 사람들'로만 알려져 있다. 나는 그들을 이렇게 부르고 싶다. '내게 좋은 일을 해 주었던 사람들.' 조금은 상투적으로 들릴지 몰라도 그렇게 부르는 게 가장 합당하다. 그들의 사랑이 없었다면, 나는 아무것도 못했을 것이다. 내가 한 모든 일들은 그들의 사랑으로 이룬 것이다. 그 외에도 나와 함께했지만 내가 미처 다 알지 못하고 지나온 이들에게도 감사하고 싶다. 이 모든 이에게 나의 입맞춤과 작별 인사의 의미로 이 작은 책을 바친다.

  끝으로 나의 마지막 말은 역시나 '내 마음이 사랑하는 분' 우리 주 예수 그리스도를 향할 수밖에 없다. 나는 항상 그분만을 찾았고 아직도 그분만을 찾고 있다.

"제 영혼은 살아 계신 주님을 목말라합니다.
제가 언제 그분을 대면할 수 있을까요?"

파종의 계절, 저녁 Saison des semailles, Le soir

어스름한 황혼의 순간,
현관 처마 밑에 앉아, 노동의
막바지 시간을 비추고 있는
저 마지막 햇볕에, 나는 감탄한다.

밤이슬에 젖은 농지農地에서,
미래의 수확을 한 움큼씩
밭고랑에 뿌리고 있는 한 노인의
누더기 옷을, 감격스레 응시한다.

그의 컴컴하고 기다란 실루엣이
깊이 팬 경작지를 가득 메우고 있다.
세월의 유익한 흐름을
그가 얼마나 굳게 신뢰하는지 느껴진다.

광대한 초원 속에서, 그는 가다간 오고,

멀리 씨앗을 뿌리고, 손을 다시 펴고,

또 새로 시작하는데,

눈에 띄지 않는 증인이 되어, 나는 명상에 잠긴다.

어떤 소리가 어우러지는 어둠이

베일을 펼치면서, 씨 뿌리는 그 노인의

거룩한 동작을 별들에게로

길게 펼쳐놓는 듯하다.

빅토르 위고 Victor Hugo

* 일러두기

이 책에 나오는 '성무일도 찬미가'는 우리나라 '성무일도 찬미가'와는 다른 것이므로, 저자가 쓴 원문 그대로를 번역하여 표기하였음을 밝힙니다.

빅토르 위고의 시 '파종의 계절, 저녁'의 국문 번역본은
《위고 시선》(빅토르 위고 지음, 윤세홍 옮김, 지식을 만드는 지식)에서 발췌하였습니다.